父の背中

——漁船海難遺児と母の文集——

公益財団法人　漁船海難遺児育英会編

海文堂

まえがき

「漁船海難遺児と母の文集」は漁船海難遺児育英会設立（昭和四十五年十月）以来、五年を節目として記念刊行してきたもので、四十五周年を迎えた今年で第九作目となりました。

当初は、小・中学生への、〝せめて給食費程度を〟という思いで学資給与制度をスタートした当育英事業も、現在では幼児（三歳）から大学生までを対象に一貫した修学助成制度として改正・整備され、その内容も格段に充実し、これまで、当会の育英制度を利用して一万三千人余の海難遺児の皆様が学窓を巣立ちました。

これもひとえに、温かいご支援をくださった全国の皆様方のお陰と、遺児・遺族共々心より御礼申し上げます。

四方を海に囲まれた我が国は海洋国として栄え、海は限りない希望と豊かな幸をもたらし、国民への重要なタンパク質の供給を行なってまいりましたが、平成二十三年三月に発生した東日本大震災による大津波では九百人余の漁業者や漁協職員等が犠牲となり、これまで本会が採用した被災遺児も八十二人となりました。

被災地では国や自治体等による様々な支援が行われ、復興の槌音も日ごと高まりを見せてまいりましたが、なお一層の早期復興をご祈願致すところであります。

設立当初は四千人近くいた遺児（奨学生）も平成七年には千人を割り、以降、減少傾向にあって今年は二百四十六人（平成二十七年八月現在）となっております。

しかし、遺児は大幅に減少をしているとは言え悲惨な海難事故は後を絶ちません。また漁業を取り巻く環境は、漁業者の高齢化、魚価安、燃料高、水揚量の減少等、設立当時に比べてむしろ厳しさを増していると言えます。厳しい漁業経営に追われ、無理な操業が行われることがなにより心配でなりません。

　一方、遺族家庭にあっては、社会保障制度の進歩や女性の雇用機会拡大などでかつてのような悲惨な例は少なくなったとは言え、長期に亘った経済の低迷、また、産業構造・雇用構造の変化による経済格差等、精神的にも経済的にも辛いことに変わりはありません。そのような中にあって、身も心もすり減らし、ただひたすらに子の成長を願いながら頑張っておられる母親の姿を思うと、胸が痛みます。

　このような背景を踏まえ、当会では平成二十二年から普及指導事業の一環として精神面の充実を図ることを目的として、遺児と保護者（お母さん）による「ふれあい旅行」を開催し、回を重ねて本年度で五回目となりました。近年、核家族化が進み家族同士のふれあいの機会も減少する中で、この「ふれあい旅行」を通じて、同じ境遇の子ども達や保護者が交流することで、新たな創造性、協調性、自主性を見出すことができましたら幸いと思う次第です。

この文集から、そうした母と子の「これ以上、海難遺児を出さないで」という心からの叫びを感じていただき、日々の操業安全に心していただければ幸いです。

そして、この寄せられた一人ひとりの作文を読み、愛する者を悲しませないよう漁業関係者は言うまでもなく、全ての人々が人命の尊さを今一度考えて頂きたいと思うのです。

最後に、これまで育英事業の充実・発展の為に多くの皆様よりご寄附をいただきました。改めて感謝を申し上げると共に今後とも一層のご支援を賜りたくお願い申し上げます。

海難事故のない時代が来ることを願い発刊のご挨拶といたします。

公益財団法人　漁船海難遺児育英会
理事長　鈴木俊一

目次

父の背中

心の成長

支えられ、そして感謝

親になって思うこと

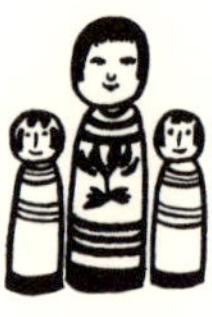

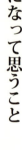

いつ、帰ってくる？

〈カバーデザイン・文中カット〉
中井絵理

父の背中

優しく、時に厳しく
　いつでも大きく包み込んでくれた父。

父がくれた深い愛情と存在の大きさは
　今も変わることなく母子の心を満たし
明るい日々へと先導し続ける。

空を見上げ父に誓う……
　――悲しみに負けず頑張るよ――

ゆったりと浮かぶ白い雲に
　父の後ろ姿が重なって見える。

強く楽しく

長崎県　中学校二年　**濱　川　優　太**

僕は海難遺児です。海難遺児とは、海の事故で親を亡くした子どもたちのことです。

僕は父を亡くしました。亡くしてから今年で十二年目です。ですが、あまり亡くしたという実感がありません。なぜなら、父についてまったく記憶が無いからです。顔は仏壇に写真があるのでわかりますが、他には何もわかりません。声も、性格も、趣味も、思い出も、何も残っていません。まるで、赤の他人のように。

そんなある日、家に届いた招待状。それは、ふれあい旅行への招待状でした。母と相談し、不安ながらも行くことにしました。ですが、その旅行は不安どころかとても楽しく、得るものが多くありました。僕と母はもう四回も行っているので、それが毎年の楽しみにもなっていました。

一番楽しかったのは小学六年生のときに行った二回目の旅行。何が楽しかったのかというと、バーベキューです。他にもいろいろ楽しいことはありましたが、バーベキューのときが一番気軽に話したりできたので頭に残っています。

そんな風に気軽に話せる友達ができたのも、このような機会を設けてくださった育英会の方々やワンパク大学の方々のおかげです。それと、僕と同じ境遇にある人たちだったからだと思います。

僕はこのふれあい旅行で、たくさんの思い出をつくることができました。ですが、それ以上に、さまざまなことを吸収できました。それは、現実を受けとめ、前に進む、ということです。

僕は、記憶に無い父の死を受けとめているつもりですが、「小さい頃、公園で『お父さんが欲しい』と叫んだことがあるよ」と母に言われたことがあります。そのときは心の隅にそういう思いがあったんだと思います。

今もときどき、何気ないことで不安になることがあるので、僕は少し心が弱いのかなと思います。ですが、もう中学三年生。一年後には受験もあり、未来に羽ばたく頃。だから、これからは不安なことがあっても心を強く持ち、何があっても前に進もうと思います。他にも、生きていることの幸せさなど、たくさんのことを学べました。

なんだかんだで毎日楽しいです。心配事も悩みもありますが、それ以上に毎日充実しているので特に不便もありません。これからも精一杯、父の分まで楽しく生きようと思います。

あれからの自分

岩手県　中学校一年　A・T

お父さんがなくなって四年がたちます。当時二年生だった私は、小学校を卒業して中学生になりました。

当時二年生だった私は、経験したことのないゆれが私たちをおそいました。家族がみんな、はなればなれで一夜を過ごしました。そして、姉と、祖母と、祖父に会えました。二日目やっと学校に母が私たちをむかえに来てくれました。とってもうれしくてなきました。

しかしいつまでまっても、父が来ません。そして父の死をつげられたとき私は静かにないた。ずっとないた。それは今も同じで心の中では、ないている。

私は、昔から父が大好きでいつも一緒に居ました。そんな父がなくなったということは、悲しいという気持ちだけではとてもじゃないけど思えない。悲しくて胸がつぶれそうだった。いまも胸がとっても痛い。

父にたまに反抗して困らせたことがあったけど、今は「ごめんなさい」ってしかいいようがありませんが、これからはそういう大切な人を大事にしたいです。

父の背中

熊本県　大学院一年　**奨学生**

「今日は山登りに行こっかぁ」

父は突然そう言いだした。

父はいつも唐突にものを言いだす人であった。春になると急に「桜の花が咲いたけぇ、今日は花見に行くよ。母さん、花見に行く準備して」と言いだすし、秋になると「うべがなっちょるけぇ、みんなでとりいこっかぁ」と言っていた。とにかく私の父は何から何まで唐突な人間であったと思う。…別れも。

さみしさを隠すわけではなく、別れはすんなり受け入れることができた。

ただ、いなくなったという事実を受け入れると巨大な喪失感が私の中に残った。けれどそれ以上に父は大切な思い出を私たちに残してくれたのだと思う。

魚釣りやテレビを見ることより、山登りが好きな私はその一言に大きく反応した。

「本当?」

と聞く声もいつもより明るい調子だったと思う。そんな私に父は

「天気もいいいけぇね」

と、雲ひとつない夏空を見上げながら答えた。迷うことはなかった。

私は軽い足取りで山頂へと続く道のりを歩いた。父と一緒に歩く山道はとても楽しかった。道々に生えている草や木を見ながら学校での出来事を話したり、木々の間にのぞく海を見て楽しんだりやることが尽きない。

しかし、山道も中盤までくると子どもの私にはきつかった。父とも距離ができ、息が上がり始める。

「父さん、もう疲れた」

そう話しかけるころになると、父の背中ははるか前方に見えていた。こちらの声に気づいた父が振り向いてさっき登った道を下りてくる。私はしゃがみ込んで、道端に生えている雑草をちぎり始めた。

「あともうちょっとやけぇ、がんばり」

と言う父に
「もう歩けん。おんぶっ」

と我がままな私。

ぐずり始めた子どもに父がとった行動は相手にするのをやめて先に進むであった。この行動は多分正しい。そうなれば、子どもは置いていかれまいと自然に後をついてくるものだからである。そうして私は自力で山の頂上まで登ることができたのだった。

木のトンネルをぬけるとそこにはひらけた空間があり、コンクリートの建物が見えてくる。建物の傍からは私の住んでいた島が一望できる。真っ青な大海原と山の緑、そして眼下には島の人々が暮らす集落がある。晴れた日には海のむこう側に別の島が見える。私はどんな景色よりもそこから見える眺めが一番好きだった。だから、何をするよりも山に登って、その景色を見たいと思う。

それともう一つ。一緒に登ってくれる父の存在が大きかった。このときだけは父をひとり占めしているように思えるから、子ども心にうれしいと感じたのかもしれない。

父と私はコンクリートで塗り固められた地面に腰を下ろした。静かな時間が過ぎていく中で、時折父は海を眺めながらぽつりぽつりと自分の夢を語ってくれた。

「あのねぇ、あそこに荷さばき所が見えるやろ？　その隣に倉庫があるけどね、いつかそれを改築して釣りに来たお客さんが寝泊まりできる場所にするんよ。料理だけ家にたべにきてもらってね。あと今度ヨットクラブの人と島の人で交流会みたいなのをしたいと思っちょってね、いろいろ考えちょるんやけど。それから…」

話し始めると次から次へと夢があふれてくる。私は父の話をただ漠然と聞いていただけで意味もよく分かっていなかったが、なんだかわくわくしていた。

「そうなんやねぇ。じゃあ、おっきくなったら、父さんのこと手伝わんとね」

あまりにもたくさんの夢だったので、ひとりで叶えるのは大変そうだと思いなにげなく口にした言葉だった。けれど、そのあとに見た父の何ともうれしそうな顔。頭をなでてくれた大きな手は一生忘れることはないだろう。

「それじゃあ、そろそろ帰ろうか」

そう言って立ち上がり、山を降りようとする父の背中は心なしかうれしそうに見えた。

お父さんがくれた愛情が私たちの支えです

福岡県　保　護　者

中学を卒業してすぐに海に出た夫。海難事故により帰らぬ人となり、早三年が過ぎました。

日頃離れて生活しているためか、家にいる間は休まず動き回って子供達の為、私の為にできる事を探してくれた夫。

あまり口数の多い人ではありませんでしたが、胸の内の思いは私たちの心に届いていました。そしてお父さんがいない今、亡くして初めてあなたの愛情の深さに気付かされました。

二年前、息子が社会へと、そして今春、娘が、飛び立ちました。元気に頑張る姿に、お父さんのたくさんの愛情を、感じます。夫婦そろって喜べない喪失感は残りますが、お父さんがくれた愛情に感謝です。

また、事故当時より育英会から奨学金等のご支援を頂き誠に有難うございました。子供達も夢をあきらめる事なく、進路選択できました。

そして「漁船海難遺児と母の文集─心の中のアルバム」を頂き読むことで、何かにおしつぶされそうな心が、いろいろな人がいろいろな環境で頑張っているんだと、励みと支えられる思いでした。

まだまだ、悲しすぎて三人顔を合わせ、お父さんとの思い出話はできませんが、三人それぞれ、育英会を含め支えていただきました方々に心より感謝し、同じ様な事故がおきぬよう願い、一日一日を大切に前に進んでいきます。

父がいなくなった日から四年

岩手県　中学校一年　Ａ・Ｔ

お父さんがなくなって、四年がたちます。当時小学校二年生だった私は、小学校を卒業して中学生になります。

卒業式は、お母さんが来てくれたけど、本当はお父さんにも来てほしかった。でもその夢は叶わず、どんどん時間だけ過ぎる。

今でも、お父さんがもどってきてくれないかと思う。でもこれは現実に起きたこと。受け止めなければいけないことは分かっていた。お父さんがいなくなってもう四年もたつ。あっというまだった。卒業式以外にも、お父さんにしてほしいことは、やまほどあった。

自分の大切な人がなくなるという悲しみを知ったのは初めてだった。お父さんは震災から二日後に見つかった。
私は、津波が起きた時インフルエンザで学校を休んでいた。妹と兄は学校だった。学校は海からはなれているし、高いから心配はなかった。おじいちゃん、おばあちゃん、お父さんそれから私が家に居た。それから、お父さんとおじいちゃんがけんかをした。おばあちゃんと、おじいちゃんは、漁をしていた。それをお父さんが手伝っていた。じしんが起きてお父さんが
「船を沖にやる」
と言ったら、おじいちゃんが
「ダメだ、船はいいから先ににげよう」
と言った。でもお父さんはきかずに海の方にむかっていった。それから少したつと津波が来た。大沢の町を波が一瞬でのんでいった。とてもこわかった。ひなんしている大勢の中をかならずいるとお父さんをさがした。

でもお父さんの姿はなかった。その夜は家族とはなればなれで一晩を過ごした。

次の日、妹と兄と再会は果したが、父と母とはまだ安否が分かっていなかった。それから数日後母との再会を果した。その日父が亡くなった事を知らされ涙が止まらなかった。父の遺体を見た時涙が止まらない。こんな感情になったのは初めてだった。あの日あった事を忘れることが出来ない。

あの日あった事は決していい思い出ではないが、人と助け合って生きる命の大切さを学ぶと共に、津波の怖さを思い知った。

いなくなって気付いたこと

兵庫県　高等学校二年　**森　信之亮**

僕には父がいない。

小学校一年の二月の事だった。その日いつものように仕事に出かけていった。昼前急に、天候が変わり、突風が吹いたかと思うと目の前が真っ白になるくらい雪がふった。一瞬の事だった。昼がすぎてしばらくすると、島中にサイレンが鳴り響いた。それは父親を捜索する放送だった。

冷たくなった父が帰ってきたのは次の日。その時は、小さかったため何が何だか分からないまま月日が過ぎていった。

しかし大きくなるたびにその悲しみは増していった。

僕には父親がいない――あたりまえで、しかたがない事だと思っていた。

僕たち家族は海の見えない所で住むことにした。それは、海を見ることがとても悲しかったから…。海が見えない所に引っこし、そこで暮らしていても悲しみは残り、その悲しみは、海のせいではないことに、やっと気が付いた。新しい土地にきて、たくさんの、友達、家族を見ることになった。僕は、不思議に思った。みんなが、友達とではなく、父親と遊んでいる風景を見かける事が多かったからだ。土・日の野球練習、夕方の公園でのキャッチボール、陸上の大会、友達のそばには、いつも父親の姿があった。僕は少し、うらやましかった。

僕の父親は仕事熱心な人だったため遊ぶ時間も少なかった。それよりも小さい僕をつれて仕事に行く事の方が多かった。一人息子の僕に小さな時から仕事をする姿をたくさん見せてくれたのだと今では思う。

その毎日が、僕たち家族には普通のかわりない日々だった。死ぬことが分かっていたかのように、人一倍きびしく育てられ、大切な事をたくさん教えられた。今では、小さなころの少しの記憶が宝物となり、いなくなった後も生きているような存在感をもっている。

家族には僕しか男がいないので祖父の存在を強く感じる。でもなぜか祖父には、本心を伝えることができない。祖父も分かっているのか、いつも会うと優しくしてくれる。そんな祖父は僕に対してどう思っているのか、どうなってほしいのか、やっぱり全ては話してくれない。ただ道がそれぞうになれば、必ず叱ってくれる。今、自分が生きている道が正しいのか、どうなるかはまだわからない。

「広大な地にも勝れるこの海で
　　我は生きぬく死の来たるまで」

この歌は父が中学の時に作った歌だ。それを僕たちは、鎮魂の碑として墓の横においた。墓に参る度、しみじみとそれを読んでいる。それでも海が好きだった父、その父が生きていたころと変わらなく、祖父やおじは今日も朝早く漁に出る。

父がいたころと同じ変わらぬ日々を今も送っている。

心の成長

悲しみを乗り越え
　大きく優しく育ってくれた子供達。
その姿に母は父親の面影を重ね、喜びを抱く。
継がれているのは
　　口調、仕草、そして生き方。

——いまもどこかで見守ってくれている
　いつも私達に道を示してくれている——

そうかみしめながら
　母子はこれからも強く歩んでいく。

心の成長

長崎県　濱川和美

主人がいなくなって、十年がたとうとしています。あっという間に過ぎたかの様です。

長男は二十一才、次男は小学六年、私は主人の歳をおいこしてしまいました。

この十年間、色んな事がありました。父親のいない寂しさをうめる事はできませんでした。

買い物等へ出かけると家族連れが多く、よその子供が「お父さん」と、呼んでいると、じーっとそれをみていた次男。きっと自分も「お父さん」

と、呼んでみたいんだろうなと思っていました。

一昨年、ふれあい旅行に参加して、同じ様な境遇の子供達と数日過ごしただけなのに、心が落ちついたからなのか、それからはみる事が少なくなりました。何を感じたのかは、わかりませんが父親がいないのは「自分だけではない」と、感じとったからかもしれません。

今年もふれあい旅行に参加させて頂きます。前回の旅行が楽しかった事、思い出が沢山つくれた事、色んな経験ができた事、親子共に成長できた事。

最後になりましたが、いつも温かく見守って下さる皆様、漁船海難遺児育英会のスタッフの皆様、ありがとうございます。

これからもよろしくお願い致します。


（二〇一二ふれあい旅行参加者作品）

時は流れて

兵庫県　大角　ひろえ

早いもので、前回の文集に寄稿させていただいてから五年という月日が経つのですね。

この五年間も平穏無事というわけではありませんでした。残念ながら海での悲しい事故はなくならず、事故ではないけれど平成二十三年、漁業関係者のみならずたくさんの方々が海に流され、愛する家族ばかりか家まで失うという未曾有の東日本大震災がありました。

我が家でもいろいろと変化があり、主人が亡くなって十年目の昨年、今度は義母が旅立ちました。主人よりも長く一緒に暮らし、共に悲しみを背負ってきた義母の死に、しばらくは心の中にぽっかり穴があいたような張り合いのない毎日でした。

子ども達はそれぞれの道を歩み、長女はシングルマザーの保育士として子育てと仕事に頑張っており、次女は専門学校にて学んでおりましたが、思いがけずＳＡＤ（社交不安障害）を発症し、自らの志した道をこのまま続けていくのが困難となり、悩み抜いた末、途中下船することになってしまいました。症状が落ち着いている今は、自分の足で生きていけるよう社会に出てゆっくりと歩いています。末っ子でマイペースの長男は、来年、主人の十三回忌に高校を卒業し、自分の夢を叶えるために進学する予定です。

このように子ども達が成長し自分の希望する道に進むことができたのは、今まで支えて下さった漁船海難遺児育英会、それにご寄付を頂いた多くの方々のお陰です。将来が不安な生活の中、奨学金が心の支えでもありました。本当にありがとうございました。

これからは、私一人の寂しい食卓。しかしその分、主人を思い出す時間も増えるでしょう。離れていても天国の主人と共に子ども達を見守り、また家族が増えていくことを楽しみにしたいと思います。

今までを振り返って

鳥取県　新川千草

今から九年前の七月二日に事故が起きました。

この事故が起きるまでは、事故が起きるなんて他人事と思っていました。突然姿を見る事もなく家族の前から居なくなったお父さん。今でも「どこに居るのかな？」と、七月になるとあの日の事を思い出します。

上のお兄ちゃんは中学生になったばかり、まん中のお姉ちゃんは小学五年生、一番下の子は三才になったばかりでした。今では大きくなり、上のお兄ちゃんは今年二十一才、まん中の子は二十才、下の子は小学六年生になり、特に大きな病気もせず、それぞれが九年の間、心も体も立派に成長してくれました。
　上の子が学生時分には、育英会様に大変お世話になり本当にありがとうございました。育英会様から届くおたより、毎回楽しみに読ませて頂いております。もうしばらくの間、末のお兄ちゃんがお世話になりますが、よろしくお願いします。

（二〇一二ふれあい旅行参加者作品）

強い意志を持って

岩手県　佐々木　香

中学三年生の卒業間近での大きな出来事。
震災から三日めに、息子に会う事が出来ました。
私自身も津波に流され避難船に助けられ、身体を動かす事も出来なく、
息子を避難先（この時、中学生の子供達は、中学校よりもっと高台にある、
高校へ避難していたそうです。）に迎えに行く事も出来ませんでした。
息子に会えた時の安堵感、息子から「お父は？」と聞かれた時の絶望感、
今でも忘れません。
「でも必ず会える!!」
「どこかに避難してるはず！」

その願いも叶う事はなかったです。

八日後に…息子と泣き崩れました。

息子は、父親の希望であった、県立の水産高等学校に入学して無事に卒業する事が出来ましたし、漁業関係に就職する事が出来ました。

東日本大震災から早いものです…まだ信じられない息子と私です。

父親の殻付カキ養殖の仕事とは違えども同じ水産業につくなんて、ちょっと驚きと、「この子は、しっかりと父親の背中を見ていたんだなぁー」と誇らしいです。

辛い体験をして自分の道を強い意志を持って決める事が出来ました。

そして皆様の温かいご厚意に感謝いたします。

息子にとって、どれだけ助けになった事か。

三年間、大変お世話になりました。

ありがとうございました。


（育英会だより平成二十六年七月号掲載作品）

同じ道

静岡県　太　田　貢　美

夫が船の事故で亡くなり早いもので二十年が経ちました。

その時二歳だった息子も今年の四月からは社会人になります。お腹の中に居た娘も大学二年生です。二人共、夫に似たのか海が大好きで息子は、夫と同じ船関係の仕事を選びました。娘は、海洋生物学科を選び将来は、魚関係の仕事をしたいそうです。

さすがに息子が船関係の仕事を決めた時はなんとも言えない気持ちでしたが息子が決めた道なので頑張ってほしいです。

今となって思いますが、夫も大好きな海で死ねたのは良かったのかもしれません。

しかしまだまだ海難事故のニュースを見ると残念です。

生きたくても生きられない人の為にも今生きてる人たちが事故を防ぎ私たちと同じ気持ちになる人を一人でも増やさないよう気をつけてもらいたいものです。

―あの日から― 十四年間の感謝

徳島県　島尾妙子

主人の十三回忌を無事終えてから、更に二年が過ぎました。

平成十三年三月十三日、あの日を思い起こせば今でも胸がふさがり、痛くなります。

当時、小学五年生の娘、四年生の息子も、優しい父親が突然いなくなった喪失感に、辛い思いをしてきたと思いますが、その分、人の苦労や優しさのわかる子に成長してくれたと思います。

私の育った家庭は、裕福ではなかったので、母は一日中働き、私も高校からアルバイトをし、大学は働きながら夜間に通いました。ですから、子供たちには子供自身が望む教育を、のびのびと受けさせてあげようと、主人といつも話をしていました。

主人亡き後、一番心配だったのがこのことでしたが、育英会の奨学金のおかげで、娘は自分の目指す高校、大学で学ぶことができ、現在は東京でシステムエンジニアとして働いております。学んだ技術で、人に尽くせる仕事ができるようになりたいと頑張っているようです。

息子は、自閉性障がいです。小中は地元に、高校は養護学校に通学しましたが、良い先生方に恵まれ、充実した学校生活を送ることができました。言葉でのコミュニケーションは困難ですが、絵を描くことで少しでも自身の思いを表すことができているようです。

高校までは学校と、加古川市でも作品展を開催し、昨年は徳島と香川で個展を開催しました。ご来場いただいた皆さんが、自分が描いた絵を見て喜んで下さることがとてもうれしいようです。

今年は東京で個展を開催しますが、息子自身がどんな反応をするのか、とても楽しみにしています。

子供たちが学校などで学び成長してきたその姿が、我が家の歴史ともなっています。

私たちの願いは、何より海難事故がなくなることが一番ではありますが、遺族にとって、そして教育を必要とする未来ある子供たちにとって、育英会並びに、応援・支援をして下さる皆様は本当に重要な存在です。

このことを痛感し、援助をしていただきました者として、心から御礼を申し上げます。

本当にありがとうございます。

今日まで、陰に日なたに支え激励をして下さった全ての方々への感謝を胸に、私の誇りである子供たちと、そして胸奥にいる主人と共に、これからも一日一日を大切に生き抜いてまいりたいと思います。

徳島県　卒業生　**島尾敏之**

あなたの遺した子ども達は今

岡山県　保護者

あの時五歳と二歳だった子ども達も、十八歳と十五歳になりました。十三年間があっという間に過ぎて行きました。長男は小さい頃から船や魚が大好きで、底曳き漁をやっていた父親の仕事に憧れていました。頭にタオルを巻き、長靴姿で毎日船に通い、父親の仕事っぷりを見ては真似をしていました。時に魚にかまれたり、父親と同じようにロープが結べないとくやしがり泣いたりもしましたが、漁師の仕事が大好きな子どもでした。しかし突然父親を亡くしてしまい、私達家族は私の実家の近くに引っ越したため、海から少し離れて生活することになりました。

現在息子は高校三年生。釣り、旅行、カメラが好きな、多趣味で行動力のある子に育ちました。小さい頃過ごした海のある景色に惹かれるのか、海辺まで行き釣りをすることもよくあります。釣り道具の中には父親が使っていた物もあります。それを丁寧に手入れして使っています。父親が生きていれば、その道具を持って毎日のように釣りに出掛けたことでしょう。高校生活三年間は、アルバイトをしながら、釣りの他、写真を撮りに色々な所へ出掛けました。そんな中で将来は写真家を目指すことに決めたようで、来年は県外に進学します。

下の娘は中学三年生。残念ながら父親のことは全く覚えていませんが、たまに小さい頃の話をすると嬉しそうに聞いています。たくさんの友達に恵まれ、この三年間は吹奏楽を頑張りました。将来は介護職に就きたいそうです。高校は福祉の勉強ができる所に入りたいと、今は情報収集や受験勉強を頑張っているところです。

私も二人の子どもを育てるため、今は仕事と家事で毎日忙しく過ごしています。夫のお墓参りには年に数回しか行けていませんが、夫はいつもどこかで私達のことを見守ってくれているのだと思います。おかげで兄妹二人、大きな病気や事故もなく元気にここまで育ちました。しっかりと自分の目標を見つけ、未来に向けて歩き出す二人の子どもを、これからも応援してください。

これまでを振り返って

鹿児島県　Y・M

主人が、海難事故で亡くなってから、早いもので、五年の月日がたちました。

当時、年長だった長女も小学六年生、生後八ヶ月だった長男も年長になりました。

長女は、小学六年生と難しい年頃になり、私との衝突も日常茶飯事で、頭を痛める事もありますが、小学一年生から始めたバレーボールを今でも続けており、キャプテンとして頑張っています。

長男は、主人とわずか一ヶ月しか一緒に生活しておらず、父親の記憶は、ほとんど無いものだと思っていましたが、私達が、忘れかけていた主人の好物など、今まで一緒に生活していたかの様に色々と話をしてくるので、私達が、〝はっ〟とさせられる事が多々あります。きっと主人が、空から息子に語りかけているのかもしれませんね。

これからも、二人の子供の成長を温かく見守っていこうと思います。

最後に、漁船海難遺児育英会をはじめ、色々な方の温かいご支援、本当にありがとうございます。

これからも家族仲良く、一生懸命生きていきます。

（二〇一二ふれあい旅行参加者作品）

支えられ、そして感謝

あまりにも突然すぎる別れ
　悲しみに泣き暮れ
先の見えない不安に嘆き疲れた日々……。

立ち直る母を強くさせたのは
いつも見守ってくれている周囲の人々と
　我が子の笑顔。

母は、心温かい人々と子供達に
支えられながら、いまを懸命に生きる。

子供達の未来のために

神奈川県　N・Y

平成二十二年十二月の寒い冬、主人が突然亡くなりました。三十分前に普段と変わらず電話で会話したばかりだったのに…。信じられない出来事でした。仕事や生きる事に対して人一倍エネルギッシュな人でした。

主人が亡くなり一年七ヶ月が経った今、振り返ると私自身は、生活の為とにかく収入を得る為何十年振りに仕事に出るようになりました（結婚してから漁業の手伝いをしていました）。しかし、主人の収入の足元にも及ばず、漁船海難遺児育英会の奨学生として認定して頂きましてとても助けられています。

子供達は、私に気遣ってか「お父さんが居たら…」などの事は、一切口にしません。我慢する事も多くあると思いますが、将来、子供達がそれぞれ「なりたい自分」になる為に、非常に微力ですが、育英会に助けられながら応援していきたいと思っています。

（二〇一二ふれあい旅行参加者作品）

家族

高知県　山本　智賀子

夫が亡くなって十七年になります。

子供達も成長し長女二十六才、次女二十二才、長男二十一才になりました。

長女はみなさまのおかげで四年制大学を卒業し看護師になり病院に勤務しております。三月には結婚します。

次女は保育園で調理師をしております。

長男は専門学校を卒業して香川県で養殖の仕事をしています。

私もいつのまにか年がいき主人がいる時には主婦で家にいましたが亡く

なってからは介護職で近くの老人ホームで働いています。あっとゆう間の日々を無我夢中できました。

私のまわりの人々がほんとうに良いかたがたで地域の人、親、先生、仕事場のみなさんそして漁船海難遺児のためにあたたかく見まもってくれた全国の方々がいたからです。辛いこともあったけれどそれもいつの間にか忘れています。

主人の父親も三年前に亡くなりました。子供達の面倒も見てくれました。親は多分先に子どもが亡くなったので辛い日々を過したと思います。しかし、孫三人と生活したのは良かったのかもしれません。今は義母と二人ぐらしです。

近くに港がありますが行かなくなりました。息子が学生のころはよく釣りに行っていました。なにかしら帰ってくると一匹は持って帰ってきました。今は仕事が養殖業なのでエサをやったり定置網もしているので忙しいそうです。カンパチも鯛もとてもおいしいです。

これからも子供達の未来と私自身健康でいなければと思います。
ほんとうにみなさんありがとうございました。

ひとりになって

北海道　岩本信子

ずい分月日が経って、主人が亡くなって今年で三十八年。びっくりする位ですね。私も年をとりました。

息子達二人もそれなりに社会人になり、家庭をもって孫もみせてくれてほんとうに感謝しています。私も三十三才で未亡人になり今年で七十才になろうとしています。もちろん色々な事が沢山ありました。まわりの人達に助けられながら生きてきました。

今、一人で何とか暮しています。体の調子もあんまり良くないのですが一人で出来るだけ頑張ってみようと思っています。これが人生なんでしょうね。

いつか主人の所に行けたら、子供達はしっかり育てましたよといいたいですね。

いつの日にか。

あれから三十年…

石川県　C・I

夫を海難事故で失って、早くも三十年目を迎えようとしています。三人の我が子も成人し、それぞれが家庭を築き上げてます。

私には一つの痛みが体にあるため、外に出て働くことが出来ませんでした。この育英会の恩恵をどれほどありがたく思ったかしれません。娘の貸与奨学金の返還もあと少しで完了します。

今、私は六十五歳を迎えました。まだまだ若い年代だと思います。自分の弱さを愛しみながら、自分の出来る事を、自分の出来る範囲内で、一つ一つていねいにおかえししてゆけたらナーと切に願ってます。

本当にありがとうございます。心から感謝します。

これまでの十年を振り返って

鹿児島県　**立石郁子**

娘が一才七ヵ月の時に、突然船の事故でこの世を去った夫。当時、結婚して間もなかった為、この先どうしていいのか…と不安な日々を過ごしました。それでも、近くに両親と兄がジャズ喫茶を営んでいたので、毎日幼い娘とお店に通う日々でした。幼い娘を育てながらの毎日、夫の死を悲しむというより、娘の存在で救われた様な気がします。

現在は、四年ほど前に実家のジャズ喫茶をクローズし、私達親子と両親と兄の五人家族で賑やかに生活しています。

これまで何度となく「父親がいてくれたら…」と思うことも多々ありま

した。

それでも娘は父親の存在を知らない為か、明るく思いやりのある優しい女の子に成長してくれ、勉強やスポーツ、習い事に一生懸命取り組んでいます。夏休みも、水泳記録会の選手に選ばれ、練習に頑張っています。

いつも頑張る姿をパパにも見てもらいたかったな…と思うことがよくあります。きっと天国で微笑んでいてくれるか！　と思うところです。

育英会にも、幼児の頃から大変お世話になり、本当に感謝しています。

これから、中・高（大学は行くかな？）とまだまだお世話になりますが、いつかきっとご恩返しが出来ます様、日々頑張ります。


（二〇一二ふれあい旅行参加者作品）

母ちゃん

新潟県　渡邉陽子

商いについて思うこと

新潟県　渡邉則子

私は昭和十七年に何代も続いた岩船の漁師の娘として生まれました。船は朝早く漁に出て夕方には帰って来るので、小さい時から船が入港すると魚の手伝いをし、いつも魚と一緒の生活でした。中学を卒業すると村々に魚の商いをして歩き、年頃になると漁師の家へ嫁ぎ、魚とは切っても切れない縁だったのです。ところが漁師であった私の夫は突風にあおられて遭難し死んでしまいました。

一時は途方に暮れましたが、生活のために無我夢中で働きました。働くことによって夫のことも何もかも忘れようとした私。商いのあい間には、市場にたのまれて中條、下関、岩船と魚を売り歩いていました。どこに行っても何を売っても、買う人の身になって商いをし、生きの良い物ばかりですのでお客さまは喜び、すぐに売り切れてしまうのです。

あれは、今から二十年前、私の三人の子供達はそれぞれ成人し、ふと気が付くと私は五十の路を歩んでいました。ある日、今まで目も通さなかった新聞のチラシを見ていたら、ある新規開店大型スーパーの求人募集が目に付きました。さっそく応募し採用の通知をもらい、別の既存店で約三ヶ月間の見習い指導を受けました。店長さんをはじめ主任、スタッフは良い人達ばかりでした。私は四十年間魚の商い・加工などやってきましたが、そこの店にはそこのやり方があると思い、一生懸命教えていただきました。あっという間に見習い期間は終り、新店舗の開店です。

スタッフもそろい私は仕事の都合で午後三時半から六時半までの鮮魚部パート社員としての勤務です。自分の心を引き締め、いつでもどこでも自分の商売のように一生懸命やる決意でした。ところが開店三日目になると、びっくりしてしまいました。今まで商いをしてきた私から見てまだ売れる物を沢山廃棄してるではありませんか。食べたくてもお金がなくて食べられない人もいるのにもったいない！　まだ売れる物を……これがこの会社の方針だから……と平気で捨てているではありませんか。目を覆いたくなりました。それは人の物だから自分の物ではないからいくらでも捨てられるのです。自分がお金を出して仕入れた品物であればもったいなくて出来るはずがないのです。誰かが言っていました。

「渡邉さん、渡邉さんが見ると何でも、もったいないと思うだろう？　これが会社の方針なんだ……」

あ！　わかった、このスーパーの魚は鮮度が良いという評判の理由が……。

私は売れるまで、店に飾っておけというのではありません。加工されてきた魚であれば、味と鮮度を保つために冷凍されてくるはずです。アジの開きとかサバの開きとか粕漬とかそういったものは、閉店（最後）まで店にいる人達が冷凍庫へ入れて下されば、今より製品を捨てることが少なくなるはずです。設備があるのですから……。それから私は今までの経験からどんな小さな魚でも何でも加工することが出来るものですから、このスーパーに魚を干す場所があれば良いなあ……と、そんな事を考えています。それにカニ。売れなかったら次の日、ゆでて売れば良いのです。

また、私はいつももったいないと思っているのは魚のトレーやパックに付いているワサビなどが無駄に廃棄されていることが多いことです。一人ひとりが物を大事にする心を持ち、改善していけば、このスーパーは、ますます栄えて行くことでしょう。

私は魚のことは良くわかります。その魚の性質とかいつ頃おいしいとかおいしくないとかそれに、ほとんどの魚のメス・オスの分別なども知っています。今日仕入れた魚でも一目見ればいつ、何日前にこの魚は水揚げされた物かまでも。それに私は魚屋さんが大好き人間なのです。私はこの会社に入って、自分ほど幸せなものはないと思ったことがあります。それは十二月の頃の事です。鮭の腹子とバラ子をストッカーに並べて売っていた時の事。丁度その前を私が通りかかると、六十歳位の女のお客さまが、

「こんなきれいな色をしているけどおいしいかしらねぇ……」

と、言ってバラ子を持ち私に聞いたのです。

「どのような料理をして食べるのですか？」と私。

「これから夕飯のおかずにして醤油をかけて食べようと思って……」

「お客さま、このバラ子は煮物用とか酢の物にした方がいいです。バラ子は醤油をかけると固くなって、口の中に入るとあっちこっち逃げて食べられないから、こちらの方がよろしいです」

と私は腹子の方を教えてやりました。そしたら、

「ありがとう母ちゃん、この母ちゃんがここのスーパーへ入って良かった。この間も別な魚をこの母ちゃんが言うようにして食べたら、おいしかった」

とお客さまが礼を言って二度も三度も振り返り振り返り去って行ったの

です。

お客さまには信頼され、皆と仲良く一生懸命仕事をし、笑顔で「いらっしゃいませ。いらっしゃいませー」と、今日もまたお客さまと接している私なのです。

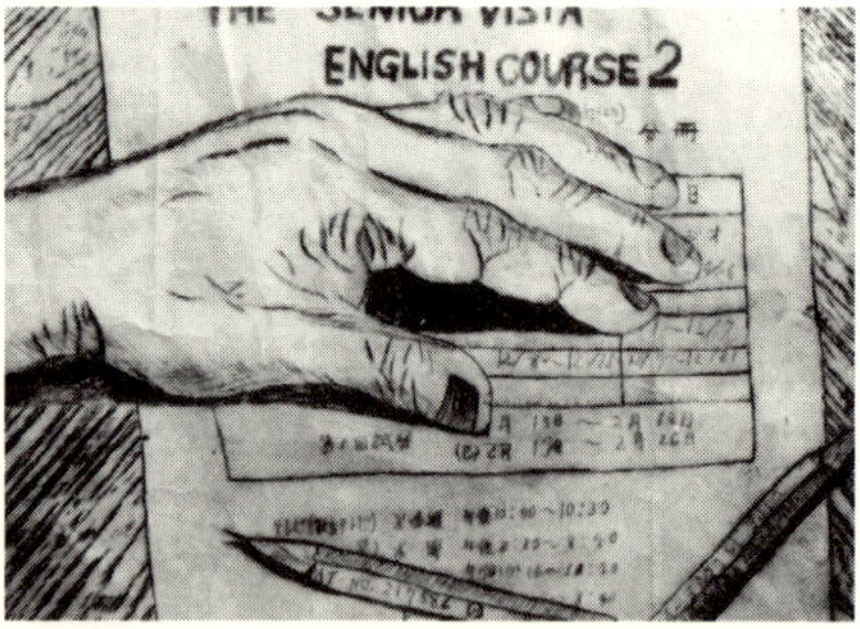

「我が手」

支えられ、そして感謝

宮城県　中島啓子

一九八四年（昭和五十九年五月六日）早朝、突然船主の方からの主人の訃報、いったい何が起きたのか頭の中は真白。間違いを裏切り死因は、心臓マヒとの事でした。真先に出たのは「これからどうしよう」。何事もやる気が失せ、放心状態だった事を思い出します。

十年一昔と言いますが、あれから足掛け三昔、当時中学一年生と小学四年だった男の子達も、時間が経つにつれ元気を取り戻しつつの生活が出来たのは、学校の友達始め漁船海難関係、周りの方々の支えの言葉そのものでした。

一人では弱く何も出来ずの自分でも、この支えで強くなれる事を知ったのは、参加、協力、相手の気持ちになる事でした。人目を避け考えてばかりの自分の小さな器に声をかけてくれたのが、職場は勿論の事、大勢のお客様でした。

当時の私の仕事は、宮城県最北端に位置する気仙沼に浮かぶ離島大島そして唐桑半島の定期航路旅客船発着場で人通りも多く慰められ、励まされ、観光客との『ふれあい』は、特に気を紛らす事が出来、一日が終り家に入った時の子供達の元気な顔は宝そのもの。「この子供達のために」の頑張りを反対に貰い、ＰＴＡ行事の一貫、球技大会、参観日等々その度毎、今出来る喜びを夢中で応援、仕事の合間を見ては、家、学校、職場との往来。忙しい以上に楽しみも多く、あの時代の若さも懐かしく思います。

只、お祭、正月、お盆、特に海水浴シーズンはなかなか休みが取れず寂しい思いをさせたのも事実のようでしたが、そんな気ままを申し訳なく感じさせられたのが、『漁船海難遺児』の募金箱を首に雪のチラつく真冬の街頭に立つ方々の姿、地元の漁協からクリスマスに届けられてくる贈り物、又進学時期には制度の案内、育英会からの援助手続きと何事に対しても耳に入れて下さり、未知の私には感謝につきませんでした。

それが今度は三・一一東日本大震災。避けられない災難に我家も半壊となり、ライフラインが戻る迄の一ヶ月間近く食物、ローソクの一本迄そしてお金の配布と手を差しのべてくれたのは、地球の隅から隅迄世界各国の方々でした。怒濤に立たされてる時の人の情は心に染み〝負けてられない〟の勇気でした。

当地は漁港の街。鰹の水揚げ日本一、そしてサンマと節々の漁船の出入りも多く、未だ震災前迄とは行きませんが、間違いや事故のない、活気のある増々賑やかな漁港の街になるよう願うと共に、これからも、支えそして感謝の気持を何時も心に持ち続けて参ります。

親になって思うこと

父がいないという現実は
数え切れないほどの辛さと引き替えに
人生において大切なものを気付かせ
心に根付かせてくれた。
それは家族の絆と
たくさんの人への感謝。
自分の歩んできた道は間違いなく
父がつなげてくれたもの……。
これから続く未来へ、父が遺してくれた想いは
自らが伝え継いでいく。

感謝

岩手県　専門学校一年　**佐久間　亮也**

私の父は、九年前の船の事故で他界しました。当時私は小学四年生ですぐに父の死を受け入れることができませんでした。いつもなら朝には帰ってきている父の姿がなく、とても心配したのを今でも鮮明に覚えています。私には弟が二人いたので、母と自分と弟二人と母方のおばあちゃんの五人での生活が始まりました。父親のいない生活は最初はとまどうことが多かったです。その度にたくさんの人に助けてもらい今まで生活することができました。

また、母が女一人で自分達三人を育ててきてくれたこと本当に感謝しています。母も、つらい時や苦しい時があったと思います。しかし、弱音の一つも吐かずに頑張ってくれました。そのおかげで今の自分達があると思います。感謝してもしきれません。

私は、高校を無事卒業し、春から自動車の専門学校に進学が決定しました。私は車が好きで将来は車に関係する仕事に就きたいと考えていました。しかし、専門職となると、やはりその分野の専門学校に行かなければなりません。そんな時、母が「自分がやりたいことをしなさい。サポートは全力でする」と言ってくれて、自分の進路を確定することができました。本当に感謝しています。

専門学校卒業後は地元釜石に戻り、母や支援していただいた人達への恩返しと、釜石市の復興にも少しでも力になれたらと考えています。そのため、東京で二年間頑張ってきます。

父親になって

鳥取県　卒業生　**奨　学　生**

漁師の父が亡くなって三十年程経つであろうか。物心つく前だったので、父の記憶は全くないが、母や親戚の方が口をそろえて「お父さんにそっくりだ」と私に言うのを聞くと一度会って確かめてみたいと思うものである。

父の話を母に聞くと、ろくでもない人で母も苦労したと感じることばかりであったが、唯一の救いは優しい人であり、子供にも優しかったという点であろう。

父のことをあまり良いように言わない母であったが、私が高校生の頃、毎日遊びほうけて深夜に帰宅し、玄関を開ける音がする度に、もしかしたら父が帰ってきたのかもしれないと思っていたらしい。母は、漁師の仕事中に海に落ちて亡くなった父がどこかの無人島で今も生きていて、いつか帰ってくると心の中で願っているのだろう。

また、祖母には父を含め六人の子供がいたが、唯一男の子で末っ子の父を大変可愛がっており、父が亡くなってからは、毎日のように海を眺めていたらしい。

このような話を聞くと、実は皆から愛される良い父だったのだろうと思う。

今私も一児の父親になり、仕事・子育てに奮闘する日々であるが、子育ての大変さを身を以て感じると同時に女手一つで私と姉の二人を育てあげた母の偉大さと親の有難みが骨身に沁みている。

毎日が大変であるが、父親がいなかったことで寂しい思いをしたこともあった自分と同じ思いを我が子にはさせないよう我が子と力いっぱい遊んでやりたいし、父に負けないような優しい人間になりたいと思う。

亡き父から、父がいない家庭環境から、そして苦労をかけた母から学んだことは本当に計り知れない。この場をお借りして、あらためて母に感謝の意を伝えたい。

最後に三十歳を過ぎ、自身がこのような作文を書くとは思いもしなかったが、貴重な機会をいただきありがとうございます。同じような境遇の方がおられましたら、親の有難みを感じ、親を大事にする人間になってくれることを心から願っています。

自分の力で選んだ道

兵庫県　卒業生　森　嬉帆

いつもと変わらない休日に和やかな家庭、いつもの様に父は仕事に出かけました。

毎日朝が早く、私達が起きるころにはもう漁に出ていました。だから父の姿を見たのはその前日の夜が最後、私がまだ小学四年生の冬でした。幼なすぎた私は父の死というものが理解できませんでした。

私は三人姉弟の長女で二歳下の妹と三歳下の弟がいます。父を亡くした当時は幼いなりに長女として大きな悲しみを抱えた家族を守ろうと必死でした。

今は広島の大学に進学し一人暮らしをしています。地元を離れ一人で暮らすのは正直とても不安でした。私がこうして難しい道を選んだのは父との約束があったからです。たくさん勉強して将来人の役に立つ職業につくことを目標に今は努力しています。父はとても仕事熱心な人で休みの日も寒い日も暑い日も毎日一生懸命働いていました。そんな父を見て育ったので厳しい方を選ぶのが自然と身につきました。

高校時代の留学先はシアトル。大学では、タイ、ニューヨーク、パリ、ロンドン、エジンバラの大学で現地の学生と共に学ぶことができました。授業内容も日本とは全く違った形式で行われており、すべてにおいて大きな感動を得ることができました。今の所一番の感動は東京オリンピック新国際競技場のデザインを制作した「ザハ・ハディド氏」の事務所見学をさせてもらえた事でした。その時に飾られていた模型が今大きな話題をよんでいる現物だったなんて信じられない感じです。こんな経験も「世界に出て色々なものを見て、すべてを吸収しておいで」と言ってくれた母の一言のおかげです。

父を亡くして九年目に入りました。もうそんなに経ったのかといつも父を思います。年を重ねるごとに父がいてくれたら…と考える事が多くなってきました。父が経験した事、見てきた事、考えていた事、もっともっと聞いておきたかったと思います。しかし父の死を悲観的に思ったことは一度もありませんでした。自分で生きてきたつもりでも周りの人の支えがあったからこそだと思います。遠く離れた家族、そして島で暮らすおじいちゃん、おばあちゃんの温かいエールに包まれ幸せです。

今年成人式を迎えますが、お世話になった方一人一人に感謝をもちつづけていきたいと思います。

ありがとうございました。

感謝

高知県　卒業生　**橋本　開**

私は父の顔を実際に見たことがありません。私が生まれる一ヶ月程前に、海の上で漁船から落ちて亡くなりました。

その日の父は、朝から調子が悪かったそうです。しかし、私たち家族のためにいつものように漁へ出かけました。父との連絡が途絶え、漁師仲間たちが必死になって探してくれました。運良く父の遺体は見つかり、我が家へ連れて帰ることができました。

その日から二十三年が経ち、私も今年の四月から働き始めました。小学校の先生として、元気な子どもたちと毎日楽しく過ごしています。今の自分があるのは、多くの方々の支えがあったからだと思います。母は仕事の傍ら、私と姉二人を育ててくれました。いつでも子ども優先に考え、自分のことは後回しにしていました。祖父は父の代わりに時に厳しく、時に優しく様々なことを教えてくれました。

それ以外にも多くの方が私に関わり、沢山の愛情をそそいでくれました。私は誰にも負けないくらいの愛情で育ててもらいました。

また、小学生の時に恩師と出会い、〝小学校教諭〟の素晴らしさを知り、今の職に就きました。その恩師とは今の職場も偶然同じになり、日々お世話になっています。教員免許を取るために四年制大学を卒業できたのは、父と育英会の皆さんのおかげです。

多くの方々にお世話になり、自分の足で人生を歩むことができるようになりました。感謝してもしきれないくらいです。この感謝の気持ちを忘れず、一日一日を力強く歩んでいこうと思います。今の私を見て父はきっと喜んでくれているでしょう。

親になって思うこと

福井県　卒業生　M・K

父が亡くなった時、私は二歳、妹は生後半年でした。だから、父と接した記憶は残っていませんが、母や今の父・親せきから伝え聞いた話や、写真を見て想像することで、私の父との思い出は、形作られています。

真っ黒に日焼けした顔で、沢山の魚を持って帰ってきた姿。私をひざに乗せて、優しく見守っていた姿。当時の父親にしては珍しくおんぶ紐で私を背負い、にっこりとした姿…。どの写真からも、私に対する愛情があふれています。

また、幼い私の将来を色々と想像しては、母に話していたそうです。島の小さな世界に留まらず、広い世界を見て欲しい、と。

　母と今の父も、その意思に賛同してくれたお蔭で、私は下宿しながら、高校進学・大学進学を果たすことが出来ました。そして、たくさんの人と出会い、様々な経験をすることが出来ました。亡くなった父、そして母と今の父に、本当に感謝の気持ちでいっぱいです。

　今、私には八歳と五歳になる、二人の娘がいます。二人共、健康で明るく育っています。私は亡くなった時の父の年齢を越えました。今の私達を見たら、亡くなった父はなんて言うだろうなぁ…。時々、そんなことを考えます。

　子供と向き合う日々は、嬉しいことばかりではなく、言うことを聞かなくてイライラすることも多々あります。でも、それもいつかは楽しい思い出になる、そう考えて子供との日々を大切にしようと思っています。

　これから先、私も子供達の将来について、色々と考えたり、悩んだりすることでしょう。

でもこれだけは伝えようと思っています。それは、小さな世界に留まらず、広い世界を見て欲しい、と。

パパずっと見ていてくれた？

兵庫県　高等学校三年　**森　貴映**

父が亡くなってから一年後、母と私たち姉弟三人は島を出て暮らすことにしました。

父が生きていたころは、七人家族で、毎日食卓に並ぶ魚と笑顔は絶えることはありませんでした。それが急に島を出て四人家族になったうえ新しい小学校への転校という不安と緊張、そして毎日祖父と祖母に会えない寂しさで胸がいっぱいでした。

そんな私たちにとって、祖父や祖母との電話の時間が唯一の安らぎの時間でした。自分たちの新しい土地での新しい生活による近況や悩み、友達の話などを昔のように話すのが楽しみでした。祖父の今日一日の出来事や仕事の話を聞くのが日課になり、毎日元気と勇気をもらっていました。そのおかげで姉は二年前に大学へ、弟は高校へ、そして私は今年の大学受験へ向けて勉強することができています。これまで幾度となくつまずきそうになりました。そして今の受験勉強も背中を押し続けてくれる祖父と祖母に本当に感謝しています。

そして大切な家族にも、とても感謝しています。私は父を亡くしてから、学校に行くことができなくなりました。母はそんな私を何年も、たくさんの病院や不登校の子供のための学校を探して連れていってくれました。「嫌って言ってるのになんで？」と思っていましたが、あの時無理矢理にでも学校に連れていってくれたおかげで、今私はこうして高校に通うことができています。母自身も夫を亡くしとてもつらい時期だったのに、私たちに寂しい思いをさせないように笑って一人で育ててくれたことに母の強さを感じました。

姉と弟には、私が母に病院に連れていってもらっている間、何度も二人で家で寂しい思いをさせてしまいました。それなのに「ガンバレ」と言い続けてくれました。心の中はいつも二人に「ごめんね」と思っていたのに、反対に励ましてくれたので、何よりも心が晴れてがんばろうと思えました。

こうして祖父・祖母・母・姉・弟、たくさんの人に支えられて今を生きています。いつか「パパ、ずっと見守っていてくれた？　みんなでがんばったの見ていてくれた？　ありがとう」と直接言える日が来るまで、家族で手を取り合っていきたいと思います。

これからは人のためになるように生きていきたいです。

いつ、帰ってくる？

「ただいま」の声はもう聞けない……。
でも、目を閉じるとあの頃と変らぬ父が
　いつでも母子の中に帰ってくる。
父が残してくれた思い出と言葉が
　母子を見守り、励まし
　幸せな未来へと誘ってくれる。
忘れることはない悲しみを受けとめながら
　父に伝える……
――ありがとう。いま、私達は幸せです。

いつ、帰ってくる？

宮城県　中学校一年　K・S

私は、お父さんが仕事から帰ってきて、二日ぐらいは家にいるけどすぐ仕事にいくので毎回同じことを聞きます。

「いつ、帰ってくる？」

と聞きます。でも、お父さんは
「わからない」

と答えるばかり。毎回の仕事で帰ってくるのは、一週間ぐらいなどさまざまでした。

お父さんが仕事にいってから何日かたったある日、一本の電話がかかってきました。「お父さんの船がちんぼつした」という知らせでした。私はさいしょの方では「ウソ」という気持ちが心の中によこぎっています。お母さんはその場所にすわりこんでしまいました。私は何時間たってもしんじられませんでした。でも、これはじじつでお父さんはこの世にいないと思うだけで心が痛くなります。

今、考えると船にのっていたのでそれもかくごしていたと思います。

一つざんねんなことがあります。それはお父さんの命日が私と妹（双子）の誕生日に近いからです。命日は六月二十三日、私の誕生日が六月二十五日で、二日しかちがいません。

六月は、かなしい月でもありうれしい月でもあります。

私は、たまにですが、お父さんが夢に出てくることがあります。

夢の中では、お父さんがいつものんでいたコーヒーを手にいつもとなりにいるおばあさんとなにか話をしている夢をよくみます。

お父さんが何かに生まれかわってでも、会いたいなぁと思います。

それからお父さんに知ってほしいことがたくさんあります。「今年から中学生だよ」、「将来の夢ができたよ」、「部活は〇〇部に入るよ」など知ってほしいことが本当にたくさんた〜くさんあります。

お父さんが死んでも私たちの心の中ではお父さんが生きてます。お父さんの人生の分まで自分の人生を精いっぱい、人生の最後のさいごまで生きたいです。

最後に「お父さん、今までおつかれさまでした。私、がんばるね」といいたいです。

今伝えたいこのメッセージを

兵庫県　高等学校三年　**大角真舟**

平成十六年二月二十五日、私がまだ六歳の時大好きな父は海の事故で亡くなりました。

あの日、目を閉じたまま動かない父の姿を見て、私は初めて〝死〟ということを知りました。家庭や周りの親戚のみんなが泣いているその様子に、ただ一つだけわかったことは、もう二度と父は帰って来ないということ。そのことを考えると、とても悲しかったし、心に大きな穴があいた感じでした。お葬式の時は、もうこれで父の姿を見られないと思うと涙が止まりませんでした。三人兄弟の中で末っ子の私は一番父との思い出が少なく、数少ない思い出は父と過ごした時間でもあり全て私の宝物であります。

あれから小学校に入学しましたが、あのランドセル姿を父に見てもらいたかったし、中学、高校の制服姿も見てもらいたかった。またバスケットの試合も見てもらいたかった。今となっては叶わない願いですが、それだけ私にとって父の存在が大きいのです。もう高校三年生になり来年からは進学という新しい道が待っています。立派な栄養士になって家族を支えるよう頑張ります。私が父の子どもであったことに感謝します。

最後に、漁船海難遺児育英会の皆様には私たちに支援して頂き本当にありがとうございます。海難事故が無くなることをお祈りいたします。

七月二十一日

北海道　高等学校二年　Ｎ・Ｋ

お父さんがいなくなってからもう十年がたちました。

十年前の今日、私は小学二年生でした。「お父さんの船が事故にあってお父さんがまだ見つかっていない」ということを聞かされました。突然すぎて信じられなかったけどはやく見つかってほしいとただ願っていました。

二日後お父さんは見つかりました。でも、もうお父さんと話すことはできませんでした。私は悲しくて寂しくてずっと泣いていました。お母さんも今にもくずれてしまいそうなくらいずっと泣いていました。そんな中お葬式に来た人たちは私たち姉弟に「お母さんをちゃんと支えてあげてね」

と言っていきました。まだ弟は年長だったのでお姉ちゃんの私がしっかりしなきゃと強く思いました。

家族三人の生活が始まってから時には迷惑をかけることもあったけど、なるべくお母さんの言うことを聞いて〝いい子〟になれるように頑張っていました。壁にぶつかった時は「なんのためにこんなに頑張っているんだろう。お父さんがいないのって不幸なのかな」と思うことが何度もありました。

でも、その努力はムダではなかったと高校へ入学してとても思いました。〝いい子〟になるのが嫌だったけど、〝いい子〟になれるように努力してきてよかった。そのおかげで素敵な友達と出逢え、大好きな人とも出逢えました。私は今とても幸せです。今まで幸せじゃないこともたくさんあったけど、それがあったからこそより幸せを感じられるようになったんだと思います。

お父さんのことが大好きな気持ちは今もこれからもずっと変わりません。

次お父さんに会える日までもっといい人、いいお姉ちゃんになってお父さんを驚かせたいです。

〝努力は必ず報われる〟と信じて。

お父さん、これからもずっと天国から私たちを見守っててね。

おとやんへ

青森県　Ｒ・Ｏ

貴方と突然のお別れをしてから、三年が過ぎました。

今でも、「ただいま」って帰って来るんじゃないかと思いながら毎日を過ごしています。

貴方の写真を見ては泣いて、携帯のメッセージを聞いては泣いて。

そんな日々が何ヵ月か続いて…

――でもこれじゃあダメなんだ、考え方を変えよう！　泣いて暗く一日を過ごすより、笑って一日を過ごそう！　そしたら子供達も前みたいに明るく笑い楽しく毎日を過ごしてくれるだろう――

今はおとやんの話を笑って話せる様になりました。

貴方が居ない毎日は淋しいけれど、忘れた訳ではないですよ。

あの日の海難事故は忘れる事はできないし、今でも悲しい気持ちでいっぱいです。

でもね、おとやん、私達は大丈夫だからね。

いつも私の隣に、子供達の隣に居て、見守ってくれているよね。

子供達が迷っている時は、手をさしのべ正しい道へと導いて下さい。

そして私達家族に優しく手をさしのべて下さった漁船海難遺児育英会の皆様、心より感謝を申しあげます。


（二〇一二ふれあい旅行参加者作品）

天国のあなたへ

宮城県　保護者

平成二十三年三月十一日、激しい揺れ、そして大津波、私達家族の忘れることのない日です。〈東日本大震災〉

避難所での生活、先の見えない不安の中、あなたが帰ってくることを願いながら、子供達と毎日遺体安置所に通いました。辛さ、悲しさ複雑な思いでした。

四月十七日

「おかえり」

「ただいま」

無言の再会でしたね。

現実は、思っていたより、とても酷いもので、あなたがいてこその家との繋がりでした。しかし、周りの方々に助けられ、頑張っています。

私には、あなたが残してくれた、三つの宝があります。三つの宝を大事に、そして励みに生きてゆこうと思います。

そして、いつも冷静でやさしいお父さんを子供達は誇りにしています。

『ありがとう』

遠い空から、ずーっと、ずーっと見守ってて下さい。

漁船海難遺児育英会の皆様、又御支援下さる皆様に心より感謝申し上げます。


（二〇一二ふれあい旅行参加者作品）

それでも魂はいつまでも

北海道　高等学校三年　**河野秀飛**

平成二十六年七月十二日。

いつも通り父は船を走らせナマコ漁に出て、僕はラグビー部の練習試合に行った。父もラグビー観戦は大好きだった。僕が遠征に出発する頃にはもう既に父は漁港に居たので、その日は会うことが出来なかった。時間は経ち、練習試合が終わりスマートフォンを手に取ると兄からの不在着信が何件も来ていて不思議に思いながらすぐに電話した。すぐに電話が繋がり兄が出た。

「もう聞いたんだべ…?」

突然、兄がそう口にしたけれどまったく理解できなかった。すると電話の相手は母に変わった。その瞬間に何か自分の中で焦りがきた。それは母が泣いていたからだ。

「船、ひっくり返っちゃった…」

「なんだ、ひっくり返っただけか…」

そう簡単に解釈したが、聞きたくない言葉を聞いてしまったのだ。

「死んじゃった…」

頭が真っ白になった。何度も疑ったが、母は一度も「嘘だよ」と言わず泣いていた。地元から遠征地は約二時間離れていて、すぐに駆けつけることはできなかったが、親の友達が遠征地まで迎えに来てくださり、すぐ地元に向かうことができた。今振り返ると地元までの二時間はあっという間だった気がする。ずっと涙が止まらなかった。急に雨が降ったりもした。携帯も鳴り響く。ニュースやラジオではすぐナマコ漁船転覆情報は流れていて僕の周りの多くの人が耳にし、心配の連絡が来ていた。

地元に到着すると何かズキズキとした胸に刺さる怖い気持ちがあった。家の周りには沢山の車があった。家に入ると、父はいつもの胡坐でビールを呑んでいるのではなく、綺麗な姿勢で寝ており、沢山の人に見守られていた。母も泣きながら僕に寄ってきた。

「顔、見るかい…」

涙が溢れて止まらなかった。そして顔はとても冷たかった。まだ想像したこともなかった景色が目に映し出されてた。ロウソクの火を絶やさず、天への道しるべを表すお線香も鼻をツンとさせる匂いを漂わせながら立っており、父の顔には綺麗な白い布が掛けてあり…。まだまだ先の話だと思っていたが悲劇は予告もせず本当に突如としてやってくるのだと思うにつれ、目の前の現実の世界に腹が立った。

少しの時間ではあったが、母が横になり体を休めようとする前に、父の顔を撫でながら「おやすみ…ちょっと寝るね」と言っていた姿が今でも忘れられない。昔から一緒に暮らしていた父に、母が「おやすみ」と言ったのはあれが最後だったんだと思う。

二日後に執り行われたお通夜には予想を反する数の方々に見送っていただき、最後の最期まで幸せ者だった父でした。本当にありがとうございました。

父との思い出の中で褒められた事は何度あるだろう。あまり褒める事をしない父に褒められた時が凄く嬉しくて「また頑張らなくちゃ」と心の底から思えた。だが、たまには愚痴を打ち明けたいと胸の中で叫んだ日も沢山あった。「社会に出ても恥をかかないように…」そう言って厳しく教育してくれた父。思春期だった僕には親と接する事すら苦痛であったにも関わらず、部活動の事やら、進路の事やらと一方的に言われて、辛かった日もあったが、これからは教えてもらった事を大切に、亡き父に毎日天国から見守られている事を強く胸に感じて、恥じないように兄弟で母を支えながら生きていこうと思う。

父が最期に入った長い箱。窮屈そうだったね。背の高い父だから、ギリギリだったよね。僕が作った大漁旗も綺麗に持って行ってくれてありがとう。手紙、読んでくれたかな。みんなで支えあって頑張っているよ。いつかまたそっちで家族みんなが集まることになったら旅行にでも行きたいね。いつか一緒に大好きだったビールたらふく呑もうね。

ありがとう――。

ふれあい旅行の思い出（二〇一二〜二〇一五）

自分達を守り続けてくれるはずだった
大切な人を失った母子。

この旅行に参加し、心の底から本当に
気持ちを分かり合える人達に出会えた。

同じ境遇の仲間と笑い、語らう時間の中で
これまでの母子の寂しさと辛さが
少しずつほどけてゆく。

二〇一二〔東京・横浜ウォーターフロント周辺〕

▲浅草寺

一日目…神田コープビルで結団式
　浅草散策
　隅田川水上バスクルーズ
　横浜中華街〈夕食〉
　ナイトプログラム（レクリエーション）
二日目…東京都水の科学館見学
　葛西臨海公園
　　バーベキュー〈昼食〉
　保護者懇親会
三日目…車内で解散式
　東京ディズニーランド（自由行動）

●**ワンパク大学スタッフ**　ガバチョ・ズミ・アポロ

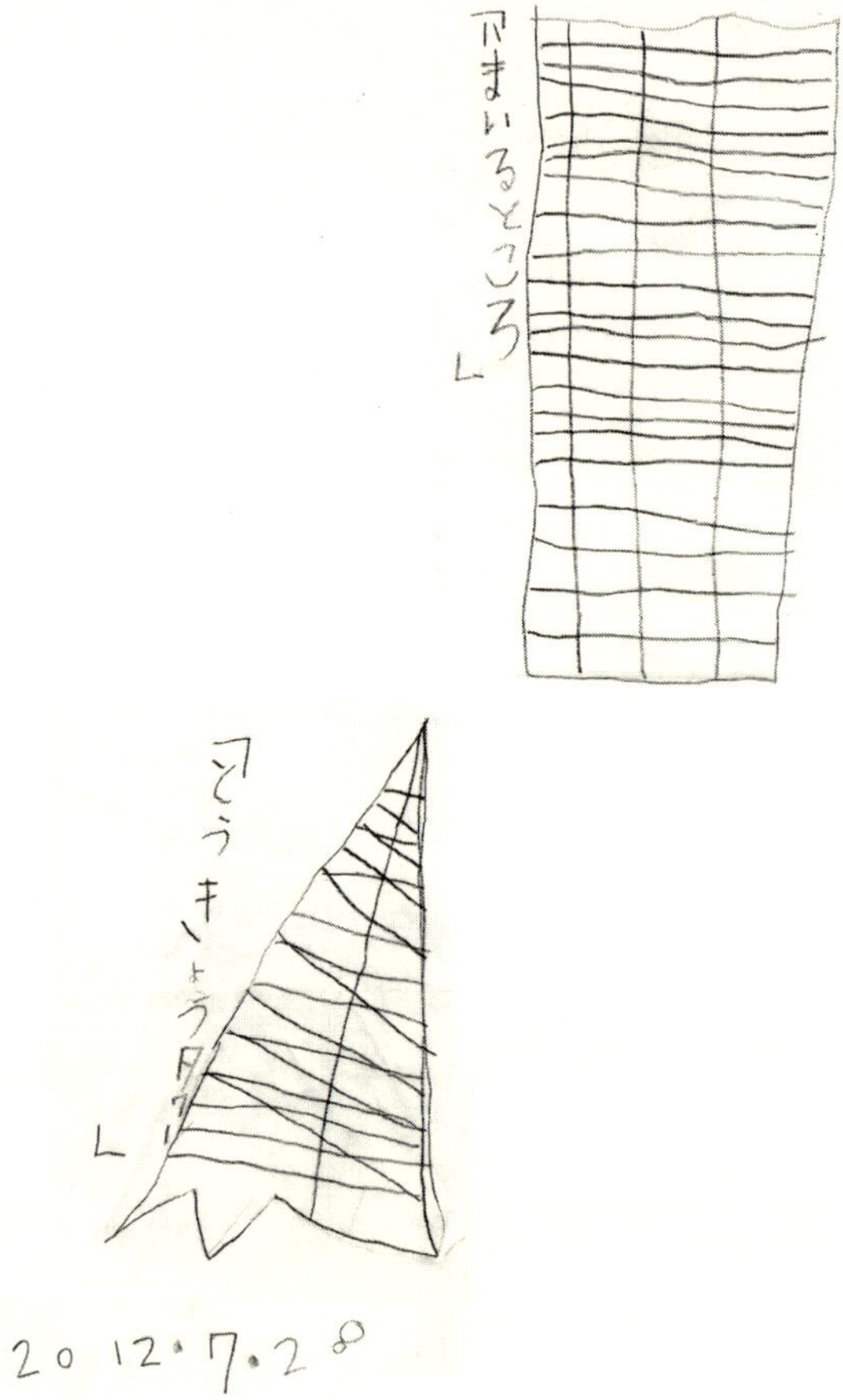

鹿児島県　保育園五歳児　H・M

ふれあい旅行の思い出

青森県　小学校五年　Ｒ・Ｏ

私のふれあい旅行の思い出の、一日目は、まず、朝の四時半に家を出て、東京に来ました。そのあと、結団式をやった後に浅草に行きました。そこで浅草寺に行きました。浅草寺の前でみんなで写真をとりました。浅草寺に行ったのは初めてで、予想以上に人がいてびっくりしました。みんなで参ぱいをした後に自由行動でおみくじをひきました。自由行動になる前に、ズミちゃんが凶が良く出るといううわさがあると言っていたので、凶が出ない様に願っておみくじをひいたら、大吉が出て嬉しかったです。スカイツリーも近くて迫力があってすごかったです。

二日目は、水の科学館に行きました。スクリーンのえい像がすごく迫力がありました。二階でやった真空実験が予想とちがってひえていない水が氷になってびっくりしました。ほかの実験もすごく楽しかったです。そのあと、みんなでバーベキューに行きました。暑かったけどおいしかったです。最後に食べたスイカもすごくおいしかったです。

夜ご飯はイタリア料理を「マイアミガーデン」という所で食べました。すごくおいしかったです。

三日目は最後でディズニーランドに行くので最後まで楽しんで思い出をたくさん作って帰りたいです。

▲水の科学館

▲東京ディズニーランド

ふれあいりょこう

鳥取県　小学校六年　新川真央

ぼくはこの二日間で四人の友達ができました。
この四人は一日目同じ部屋でした。
それによりいっしょに協力できました。
お風呂の時はみんなで背中をあらいあいました。
本当に楽しい一日目でした。
二日目では朝食を食べすぎてお腹いっぱいになりました。
バーベキューの時は食よくがなくてあんまり食べませんでした。でもス
イカをいっぱい食べました。

このふれあいりょこうで、できるだけしらない人でもはなしかけることがだいじだということもわかりました。

こんごもはなしかけることを心がけたいです。楽しかったです。

▲東京スカイツリー周辺

ふれあい旅行

神奈川県　中学校二年　N・Y

ふれあい旅行にきて最初はみんなと仲良くなれるかとか、へやの人と仲良くなれるかとかいっぱい不安な事があったけど、みんなとはなしたらすごいやさしかったので、その時から一気に不安がなくなりました。

私が一番楽しかったのはナイトプログラムです。みんなと交流することができたしとても楽しかったからです。またやりたいなぁと思いました。

次に楽しかったのはバーベキュー大会です。グループのみんなと材料を切ったり焼いたり食べたりしてすごい楽しかったです。バーベキューの時にみんなではなしたりあそんだりして、もっと仲良くなれたと思いました。

このふれあい旅行でみんなと仲良くなれて楽しかったので、またふれあい旅行に参加したいと思いました。

▲ホテルでのナイトプログラム

ふれあい旅行

岡山県　小学校六年　**磯野知夏**

一日目、最初東京にみんなと集まって結団式をしました。最初はとてもきんちょうしたけどだんだんなれてきました。バスに乗ってから浅草に行きました。浅草は前も一回行ったけど多人数で来たことがないから楽しみでした。浅草では二つのグループに分かれて行動をしました。みんなでけむりを頭にかけたりおいのりをしました。自由行動では見られなかった所も見ておみやげとちょうちんアイスを買いました。一日目は、つかれたからぐっすりとねられました。

二日目は、水の科学館見学とバーベキュー大会をしました。

水の科学館見学では、川の水がどうやって水道の水になるのかということがわかりました。

バーベキュー大会では、お肉、ナス、タマネギ、ジャガイモ、ニンジン、イカ、エビを焼きました。でも、お肉よりもタマネギとイカとエビの方がおいしかったです。おもしろいこともたくさんありました。でもいちばんおもしろかったのが局長がよだれをたらしたことです。

また来年も来たいです。

▲葛西臨海公園でバーベキュー

二〇一三〈富士山・山中湖周辺〉

一日目…神田コープビルで結団式・ふれあいタイム
山中湖花の都公園散策
ナイトプログラム（レクリエーション）
二日目…富士山五合目散策
西湖コウモリ穴・青木ヶ原樹海探検
フォトフレーム作り
野外バーベキュー〈昼食〉
子供達だけのふれあいタイム
保護者懇親会
三日目…山中湖水陸両用バス「カバ号」乗車
車内で解散式

▲富士山五合目散策

●ワンパク大学スタッフ　ガバチョ・ズミ・アポロ

ふれあい旅行の思いで

福岡県　小学校三年　道脇　琴

ふれあい旅行に行くことが決まってずっとたのしみにしていました。

旅行に行くところは、とおい東京でした。

行くときは、しんかんせんで行きました。

しゅうごう場所には、はじめて会う、お兄さんやお姉さんがいました。

じこしょうかいをして、少しだけゲームをして、東京をバスで出発しました。バスの中でも、じこしょうかいと注)ケンミンショーをやり、みんなのことを少し知ることができました。

一番楽しかったことは、水りくりょうようのバス（カバ号）に乗ったことです。はじめは、バスに乗っていたのに、そのまま山中湖の水の中に、ザブンと入ったのでびっくりしました。ふじ山は雲で、きれいに見えなかったけど、仲よくなったお兄さんお姉さんたちと楽しくすごしました。

ほかには、ふじ山の五合目までバスで行ったり、西湖のコウモリ穴や、じゅ海を歩いたり、バーベキューなど楽しいことばかりでした。

ワンパク大学のガバチョさん、アポロさん、ズミさんがおもしろくていろんなことを教えてくれました。コウモリ穴のどうくつのこと、コウモリのこと、ふじ山のこと。いっしょにおふろに入ってくれたり、お肉をやいてくれたり、夜ねるまでいっしょにいてくれました。お兄さんお姉さんとも仲よくなってうれしかったです。

また、さんかできるなら、わたしのお姉ちゃんと、弟といっしょに行きたいです。

夏休みの一番の思いでになりました。おせわになった人たちに、かんしゃしています。ありがとうございました。

注）ケンミンショー：自分が住んでる県の特産品や観光地などを発表し合うゲーム。

▲ コウモリ穴探検

▲ 樹海で拾った木の実などを使ったフォトフレーム作り

ふれあいりょこう

宮城県　小学校三年　中里育夢

たのしみにしていたふれあいりょこう。

おばあちゃんとしんかんせんにのってとうきょうまで行きました。

わたしがいちばんたのしかったことはカバ号にのったことです。

みずうみにはいるしゅんかんがこわいっておもったけど、とてもふしぎなかんじがしました。

みんなでバーベキューをしたのも思い出にのこっています。

ありがとうございました。

またみんなにあえたらいいなと思います。

▲山中湖に浮かぶ「カバ号」

▲バーベキュー

はじめてのふれあい旅行

福岡県　道脇良子

ふれあい旅行に参加させて頂いて、親子共とても楽しい時間を過ごす事ができました。

私ははじめての参加でしたが、他のお母さん方にいろいろ教えてもらいながら、たくさん話も聞いてもらいました。他では話せないような悩みや不安、これからの事などを聞いて頂き、心が少し軽くなったような気がします。

旅行のスケジュールは、参加する前から子供と楽しみにしていました。世界遺産に登録したばかりの富士山、西湖のコウモリ洞窟、山中湖でカバ号乗車、バーベキューなどもりだくさんで、子供は特に山中湖で水陸両用のカバ号に乗車できた事が思い出に残っているようです。

子供たちのお世話をして頂いたワンパク大学のスタッフの方にも本当に感謝しています。ふだんの生活ではあまり見られない、生き生きとした子供の姿を見る事ができ、また一緒に参加されていた年上のお兄さん、お姉さんに手をつないで一緒に歩いてもらったり、いろいろな事を教えて頂いていたようです。

ワンパク大学のスタッフさんが子供たちの世話をほとんどして下さったので、私は他のお母さん方とゆっくり話をする事ができました。私にとってすごく大切な時間であり、一生の思い出に残る出来事になりました。

一緒に参加してお世話して下さったスタッフの皆様、漁船海難遺児育英会の皆様、他たくさんの皆様のおかげで、この旅行に参加させて頂いた事を本当に感謝しております。

本当にありがとうございました。

これから先、このふれあい旅行の経験を生かし、心の強い、たくましい子供たちの成長を報告していきたいと思っています。

▲富士山御中道

ふれあい旅行に参加して

長崎県　濱川和美

「二〇一三　ふれあい旅行」、今年で三回目の参加です。毎回親子共々、楽しみにしています。

初めて参加した時は緊張と知らない方との交流がとても心配でした。又、子どもと寝起きを別にするのも気になっていました。その不安もワンパク大学のスタッフの方々のお世話になり安心して、おまかせできました。親同士も同じ様な境遇という事で、日頃、他人に話しても「辛いね、大変ね」等、うわべだけの言葉だけではなく、心からわかりあえる会話ができたので心の中にたまっていた物が出て少し楽になった気がします。

主人が亡くなって十一年、旅行に親子で行く事は一度もありませんでした。招待状が届いた時には、本当に旅行に行けるのかなと心配でした。でも参加してみて「又旅行に来たい」と言う子どもの気持ちを聞いて、連れて来て本当に良かったと思っています。

又、人の温かさにもふれます。集合場所のコープビルに、荷物を持って行くと、案内をしてくれる方、又、出発の時には沢山の方が見送りをしてくださいます。差し入れをしてくださる方、思い出をつくる企画をしてくださる方、かぞえきれない方々の温かさに、感謝いたします。

漁船海難遺児育英会の方々をはじめ、沢山の方の励ましに心より御礼申し上げます。

ふれあい旅行の思い出

長崎県　小学校四年　奨 学 生

今回の、ふれあい旅行で、友だちを作ったり、前回いた人ともきずなを深められて、うれしかったです。

次に、一日目に食べた、バイキングがおいしかったです。

そして、二日目の富士山で、びっくりしたことがいっぱいありました。それは、一つの場所だけ、草木がなかったり、寒かったり、お菓子のふくろがパンパンになったことです。

それよりもすごかったことが、木の「はが木」[注]で自分に手紙を出したことです！　それで自分も来年こんな風な、「はが木」を作ってみたいなと思っています。

三日目のわかれはつらかったけれど、この「二〇一三年ふれあい旅行」は、今でも、楽しい思い出です。

来年もこのふれあい旅行に行かせてください。ありがとうございました。

注）はが木：富士山五合目の郵便局で販売している、木製（板）のハガキ。

▲花の都公園

二〇一四〈栃木県那須高原周辺〉

一日目…神田コープビルで結団式・ふれあいタイム
ナイトプログラム（レクリエーション）
花火大会
二日目…千本松牧場
熱気球体験
アーチェリー大会
バーベキュー〈昼食〉
七ツ岩吊り橋・ビジターセンター見学
子供達だけのふれあいタイム
保護者懇親会
三日目…那須倶楽部
ドアプレート作り（焼き絵クラフト）
車内で解散式

▲七ツ岩吊り橋

●**ワンパク大学スタッフ**　ガバチョ・ズミ・アポロ

ふれあい旅行で学んだこと

鹿児島県　中学校一年　**立石　そらみ**

　毎年、夏休みにふれあい旅行があることを私はすごく楽しみにしています。もう今年で三回目。懐かしい人達とまた会えるんだぁという気持ちと、新しい人と仲良くなろうという二つの気持ちで鹿児島から旅立っています。

　今年は、しっかり集合時間にこられましたが、みなさんがすごく早かったのにおどろきました。最初はみんなと久しぶりだったので恥ずかしかったですが、帰る時には、

「また会おうね」

と笑顔で会話をしていました。ふれあい旅行は「いつのまにか…」とい

うのがすごく多いなぁと思います。

私は初めて体験して心に残ったことが二つあります。一つは、熱気球です。みんなが乗っている姿を見ると、笑顔で手をふっていました。でも、私は高所恐怖症だから手がふれるかどうか心配していました。ですが、意外におもしろくて、景色もきれいでした。でも火がすごく熱くて気になりました。

二つ目はアーチェリー大会です。生まれて初めてやったので絶対三十点か四十点だなぁと思っていました。ですが思いのほか的の中心に当たるので自分でもびっくりしました。そして結果は一位。得点は百十五点でした。お母さんが、

「高校に入ったらアーチェリー部に入部しなさい」

と言っていました。すごく楽しかったです。

ふれあい旅行で学んだことは、友達と交流することです。絶対に悲しい顔をして帰る人なんて誰もいません。それは、みんなと交流し、思い出を

つくるためだと思います。

▲アーチェリー大会

ふれあい旅行

福岡県　小学校三年　**道脇　滉**

ぼくは、今回はじめて、ふれあい旅行にさんかしました。

一番たのしかったことは夜のトランプです。さいごにRくんとぼくがのこって、ずっとババをひいていたからすごくおもしろかったです。

千本まつぼくじょうできききゅうとアーチェリーをしました。アーチェリーで黄色に一本もあたらなかったのでくやしかったです。来年はあてたいです。ききゅうは二十五メートルもあがるのでけしきはきれいでした。

北・南・東・西ぜんぶの方こうに森がありました。ビジターセンターでテレホンカードをもらいました。千本まつぼくじょうでアイスクリームをたべたときとてもおいしかったです。ホテルのバイキングもとてもおいしかったです。

さいごの日にたくさんゲームをしました。一番おもしろかったのがたからさがしゲームでした。ズミちゃんのカメラにおたからがありました。とてもたのしかったです。来年もきたいです。

▲ドアプレート作り（焼き絵クラフト）

漁船海難遺児交流会に参加して

宮城県　志田 由加利

私の義弟が漁船事故で行方不明になったのは、今から約六年前の夏でした。口数が少なくあまり気持ちを表に出す事の無い静かな人でした。あの時まだ小さかった姪と甥に私が叔母として出来る限りの事をしてあげたいと想いながら、この六年を過ごして来ました。この様な交流会がある事を妹から聞き、是非今年は私が一緒に行きたいと頼み実現出来ました。

私の家から満員のバスに乗り、駅のホームで駅弁を買い「おいしいね」と言いながら新幹線の中で食べ、山手線に乗り換え神田のコープビルを目指し歩きました。途中何度もうちわで扇いでくれたり、「リュック重くない？」と心配してくれたり…新鮮な体験と子供達の成長が見られて胸がいっぱいになったのを覚えています。

会場に着いて、初めは緊張しましたが、育英会の皆さんやワンパク大学の皆さんが気軽に話しかけて下さり、もっと堅苦しい会なのかと思っていましたが、全くそんな事は無く当日から自然に打ち解ける事が出来ました。食事や部屋も子供と大人が別々で、初めは心配でしたが、見かける度に他の子と仲良くなっていてとても安心しました。

私は当事者ではありませんが、参加者の皆さんが同じ様な境遇の中、それぞれの場所でさまざまな悲しみを乗り越え必死に生きている事、そして皆さんがとても前向きな事がとても印象的でした。笑顔で始まり、食べて飲んで語り合い、また笑ったり泣いたり、時には愚痴ったり…そして最後にはまた笑顔で終わった二泊三日でした。子供も大人も心のメンテナンスが出来た素晴らしい旅だと感じました。来年ももっと色んな人と出逢い、楽しい旅になると信じています。

この様な機会を与えて下さる育英会の皆様初め多くの方々に感謝します。どこかで見守っているであろう義弟に教えてあげたいです。色んな人の支えと優しさで、子供達はすくすく育っているから安心して下さいと。本当にありがとうございました。

ふれあい旅行

福岡県　小学校六年　道脇　鈴

私は、今回初めてふれあい旅行に参加しました。初めて行ったので、迷子になったり、わすれ物をしたりするかなぁと心配しましたが、思ったより人が少なく、迷子になることがなかったので、良かったです。待ち時間の間に自分の持っている荷物を確認しながらなんとかわすれ物をしませんでした。

旅行のホテルは、バイキングがおいしかったし、入浴も温かくて、気持ち良かったです。

お部屋は、カードキーで開けることができて、かっこいいなと思いました。

　私が今回の旅行で一番楽しかったのは、千本松牧場に行ったことです。熱気球で二十五メートルまで上がって、気持ち良かったし、アーチェリーで思ったより的に当たったので、とてもうれしかったです。千本松牧場のアイスクリームは、「さくらアイス」というものがあって、そういうものもあるんだなぁと思いました。私は、バニラとさくらアイスを食べました。バニ

▲千本松牧場の熱気球

ラとさくらは良く合っていて、とてもおいしかったです。

栃木県の「ビジターセンター」では、問題に答えた人は、カードをもらうことができて、私は、もみじのきれいなカードをもらいました。うれしかったです。

アポロやズミちゃん、ガバチョと、旅行に参加した子供たちと、名前当てゲームをしたり、かり物ゲームやたからさがしゲームを旅行最後の日にやりました。たからさがしゲームは、ズミちゃんのカメラケースについていたことが、びっくりしました。ワンパク大学の人や旅行に来ていた人と仲良くなって、良かったです。

また来年も参加しようと思います。

来年もおせわになると思いますので、その時は、よろしくお願いします。

▲ビジターセンター

二〇一五〔静岡県掛川市（ヤマハリゾート　つま恋）周辺〕

一日目…神田コープビルで結団式・ふれあいタイム
　ナイトプログラム（レクリエーション）
　花火大会
二日目…アーチェリー大会
　あやつり人形作り
　パターゴルフ大会
　子供達だけのふれあいタイム
　保護者懇親会
三日目…掛川花鳥園見学
　車内で解散式

▲ヤマハリゾート　つま恋

●ワンパク大学スタッフ　ガバチョ・ズミ・しま

最後のふれあい旅行

宮城県　中学校三年　奨　学　生

私は、今年で四回目の参加をしました。一番最初は参加するのに勇気がいりました。知らない人達と仲良くなれるのか、など考えてしまいとても不安でしたが、一回参加してみると、とても楽しく、毎年行きたくなります。あまり行けるところではないところに行けるので、楽しみが倍になります。勇気を出して参加してみてください。

今年は、静岡に行きました。とても暑いなかアーチェリーやパターゴルフをしました。アーチェリーは昨年もたいへん盛り上がり、今年もできました。昨年より本格的なやり方でした。腕などが痛かったですが楽しくできました。パターゴルフは、初めてだったので少しむずかしく、暑さもあり、皆汗だくになりながら大人も子どもも夢中になっていました。ふだん体験できないスポーツが毎年体験できるので皆で楽しくできます。

違う学年の子や男女かかわらず仲良くなることができます。初めて会うのが不安の方もいるとは思いますが、皆とても優しくすぐに仲良くなれます。私は中三で下の子とかなり年が離れていますが、あまり気を使うこともなくて、とても気軽に話すことができます。仲良くなった友達と旅行が終わっても、手紙交換をずっとしている子たちもたくさんいます。そして、親子の絆も深まりますので、ぜひ参加してみてください。

私は今年で最後ですが、参加してよかったと感じています。なので、最後というのはとっても悲しいです。せっかく仲良くなった人たちと会えないと思うとさみしいです。また、ボランティアなどで参加できるといいなと思っています。

▲アーチェリー大会

▲パターゴルフ大会

ふれあい旅行に参加して

長崎県　中学校三年　**濱川優太**

僕たち親子はこのふれあい旅行に五回も参加させていただきました。だから、まずは僕たち親子を楽しい旅行に招待してくださった皆さん、本当にありがとうございました、と言いたいと思います。この旅行は、僕にとって、いや、母にとってもかけがえのない、一生の思い出になったと思います。ですが、そんな旅行も、最初の頃と今回の旅行ではまったく感じ方、考え方が違いました。

最初の旅行のとき、僕はまだ小学四年生でした。だからそのときの僕の心境は多分、「東京に行くんだ！　すごい！」というぐらいの気持ちだったと思います。ですが、それと同時に、「知らない人と仲良くなれるかな」という不安もあったと思います。そんな不安定な気持ちのまま参加した僕でしたが、幼い僕でもなじめるよう、ワンパク大学の方々や育英会の方々が試行錯誤しいろいろな楽しい場を設けてくださったので、とても楽しく過ごすことができ、さらに、友達をつくることもできました。

そして最後となるであろう今回の旅行、やはり不安な気持ちもありましたが、それよりも楽しみな気持ちの方が強かったので、気軽に楽しく過ごすことができました。

最初も最後も、もちろん楽しかったですが、いろいろなことを吸収し、自分の考え・思いにできたこともまた一つの楽しさでもありました。未体験のことばかりで戸惑いつつも、一瞬一瞬を大切にし、その場所の特色や良さを知れたこと、離れていても同じ境遇である以上、他人ではなく、同じ理解者であり、仲間であり、友達であること、とかいろいろ言っても、まだまだ人生長いから何があるかわからないよ、ということ。これらは全てこのふれあい旅行で得た僕の大切な考え・思い・思い出です。

　これからの僕の人生は苦しいことばかりの人生になると思うけど、このふれあい旅行で得たもの全てを糧にし、頑張っていきます。

▲花火大会

素敵なプレゼント

大阪府　保護者

突然、母親の代理で伯母の私が同行することになった今回の旅行。何をするのかもよく分からず、知らない人達の中で一人ポツンとするのかなと不安な気持ちで一杯でしたが、旅行を楽しみにしている甥っ子の為と思い参加させて頂きました。

ところがそんな不安な気持ちは一時間もたたないうちに消えていました。「なんだか楽しい！　来てよかった！」と、あっという間の三日間でした。帰りのバスの中で、甥っ子が「すごく楽しいから帰りたくないなぁ」と呟きました。せっかく出会えたお友達に来年も会いたいとうれしそうに話すのを聞いて私もうれしくなりました。

育英会のみなさん、こんな素敵な機会をプレゼントしてくださってありがとうございます。甥っ子の笑顔を見られるのを来年も楽しみにしています。

▲掛川花鳥園

「ふれあい旅行」に参加して

鹿児島県　**立石郁子**

夏休み、二泊三日で開催される「ふれあい旅行」、今年で四回目の参加でした。

この旅行を知ったのは、「育英会だより」に旅行の写真が掲載されており、初めは東京近辺の方だけの参加と思っていました。

しかし、事前に旅行のお知らせの案内を封書で頂き、そこで初めて小三～中三までの子供を持つ家庭なら対象になる事を知りました。

その内容は、毎年違う場所で親子の思い出づくりが出来、飛行機や新幹線の往復の旅費と三日間の宿泊・食事代が全て無償という、かなりラッキーなものです。普段なかなか自力で旅行に連れて行けない為、この最高な企画は本当に有り難いです。

何より子供がこの旅行を通じて、父親を失くした同じ痛みのわかる者同士、「自分だけじゃないんだ」と力をもらえるのです。

親もそうです。最初は緊張で皆と仲良く出来るのか不安でしたが、すぐに打ち解け、話してみると共感する点がとても多く、一気に気持ちが楽になりました。

いろいろ述べてきましたが、対象のお子さんのご家庭に一組でも多く、この「ふれあい旅行」に参加して実感して欲しいです。

残念なことに、我が家は来年中三で、最後の参加になるのです。なので、初参加の方々に、親子で成長出来るこの楽しい旅行をどんどん広めて頂けたら嬉しく思います。

最後に、毎年お世話になります、育英会の皆様やワンパク大学の皆様に感謝申し上げます。ありがとうございました。

▲ あやつり人形作り

これまでの旅行をふり返って

鹿児島県　中学校二年　**立石　そらみ**

私は、今年で四回目となったこの旅行を通して初めて経験させてもらったことがたくさんあった。そして、もう毎年恒例になってるお母さんへの手紙も日常で言えないことがこの旅行で言えるという機会をもらい、すごく感謝している。今回で最後となった二組の家族ともう会えないというのはすごく寂しかった。でも、二組との思い出は忘れない。

今年は、私は不運だった。去年、アーチェリー大会で一位だったのが下がり、パターゴルフもダメだった。だが、これも初経験だったのでうれしかった。新しく、しまと出会いまた新たにふれあえることもできた。クラ

フトでお母さんが、

「このひもはここでしょ！」

と言い私が、

「違う！　これはこっちに通すの」

と言い合ってケンカになりながらも、すごく立石家らしい操り人形ができ、完成した後は、良い気分となった。私は、じゃんけんを一対一でする個人戦では強いが、団体戦では弱いということも発見した。

三日目となった時、私は「みんなともうすぐお別れだ」と思ったがすぐ、「最後まで楽しく過ごそう！」と心に決めた。花鳥園ではフンが落ちてこないか心配だったが、珍しい鳥にも会えて良かった。

今年の旅行も含め、四回のふれあい旅行はすごく楽しかった。最初の旅行は、ホテルの部屋がお母さんと別々で恐くて、友達もできるか不安だった。でも今は、早く一年経たないかなぁと待ち遠しくなっていた。それは、この旅行には、デメリットがなく、メリットしかない旅行だからだ。私は、お父さんを亡くし、お母さんを笑顔にしたいと思ったことが何回もある。そんな中でふれあい旅行に出会えて、本当に良かったと思う。

私は来年受験生で来られるかはわからない。でも、最後のメンバーでまた良い思い出を残したいという気持ちを胸に一年後また会いましょう！

▲あやつり人形完成作品

▲保護者への手紙書き

※奨学生の学年は、作品制作当時のものです。

歌手・鳥羽一郎ロングインタビュー

船乗り時代に海難事故で
仲間を亡くされた経験のある鳥羽さん。

デビュー間もない昭和六十三年六月、
茨城県那珂湊漁港で
初の漁船海難遺児チャリティーコンサート
を開催されて以来
幾度となく漁船海難遺児とそのご家族を
励ましてきてくださいました。

今回、本会設立四十五周年に際し、鳥羽さんに
東日本大震災のこと、海難事故のこと
などを伺いました。

【鳥羽一郎氏のプロフィール】

本名：木村嘉平。三重県鳥羽市石鏡町出身。

昭和二十七年四月二十五日、父は漁師、母は海女という漁業一家に生まれる。まぐろ・かつお漁船員を約五年経験した後、板前修業。

二十七歳で船村徹氏の内弟子となり、三年後「兄弟船」で歌手デビュー。昭和六十年ＮＨＫ紅白歌合戦に同曲で初出場以来、海の歌を歌う人気演歌歌手として活躍を続けている。

現在、新譜「飛騨の龍」「夜見世倶楽部〜男の哀歌〜（よみせくらぶ〜おとこのブルース）」などがヒット中。さまざまなチャリティー活動にも精力的で、中でもライフワークとして全国各地で行ってきた「海難遺児チャリティー・漁港（みなとまち）コンサート」は八十六回を数える。その功績が認められ、現在までに紺綬褒章を七回受章。

育英会（以下Ｉ）‥前回のインタビューから五年が経ち、お陰さまで育英会もこの十月二十九日に四十五周年を迎えます。この間、いろいろなことがありましたが、何といっても一番の出来事は平成二十三年三月十一日に起きた東日本大震災です。巨大津波に多くの方が犠牲となり、本会でも今日まで、述べ八十二名の震災遺児を奨学生として採用して参りました。鳥羽さんは震災直後から現地に赴き、精力的な支援活動を続けられる中、岩手県下閉伊郡山田町を毎年取材されていらっしゃいますが、同じ町を四年間見つめてこられてきた思いを、まず率直にお聞かせ願えますか。

鳥羽氏（以下Ｔ）‥山田町に限ってはずっと経過を見てきたけど、少しずつではあるが、順調に復興してきているほうなんじゃないかな。皆、復興だ、復興だと簡単に言うけど、いろんな問題を抱えているからね。宅地開発をするにしても、まず地権者一人一人に承諾を得るところから解決していかなくてはならないし、ましてや住民個々の意見があるから、それを一つにまとめて進めるとなると本当に大変な作業だよね。

I：本会の奨学生とそのご家族の中にも、いまだ仮設住宅にお住まいの方が何人かいらっしゃいます。

T：どこまでが復興なのかという線引きは非常に難しいよね。確かに震災直後に行った時と四年経過した現在とでは状況がすっかり変わったけど、簡単に言ってしまえば瓦礫の山をどこかに移動しただけのことであって、全ての被災者の方が仮設住宅を出て一戸建てなり、アパートなりに移って生活ができることが復興の最終地点だとするならば、復興はまだそんなに進んでないんじゃないかって思いもある。

I：本会が年に一度開催している『ふれあい旅行』で、被災されたご家族の皆さんから直接お話を伺う機会が何度かありましたが、支援金の配分一つをとってもいろいろと問題があるような印象を受けました。ニュースではわからない現状を教えていただくたび、震災はまだまだ終わっていないということを実感させられます。

T：そうだね。でも、そういう同じ境遇の仲間たちと過ごせる場所があるっていうのはいいよね。「うちはこうなんだよ」って、普段、誰にも言えないことを話したりして。お互い共感できるっていうのはとってもいいことですよ。

I：はい。参加された皆さんからも「皆の話を聞いて気持ちが楽になった」「また参加したい！」と言っていただき、実際にリピーター率も高いんです。

T：こういった活動は、ずっと続けていってほしいな。

I：はい、我々もできる限り続けていきたいと思っています。まだまだ先の見えない生活が続く被災地ですが、そんな中、鳥羽さんが取材で出会った子供達が皆、「将来は山田町で働きたい」と語っていたのが印象的でした。

T：震災を経験して、子供心に故郷の大切さを身にしみて感じたんだろうな。地元に残って役に立ちたいって、そういう気持ちが人一倍あると思

うよ。こんな風になってしまった町だから出ていこうという人もいるんだろうけど、現状を見てきたからこそ、目の当たりにしてきたからこそ、犠牲となった大切な家族や仲間のためにも自分達で地元を盛り上げよう、なんでもいいからやろうって気持ちになっているよね。そういう子供達を見ていると、この町の未来は明るいなって感じられたよ。

＊　＊　＊　＊　＊　＊　＊　＊　＊　＊　＊　＊

――：山田町の取材では、大沢漁港にも必ず足を運んでおられますね。元漁師の目から見て、浜の印象はいかがですか。

T：まるっきり元に戻ったというわけじゃないけど、帆立や牡蠣が徐々に出荷できるようになって、浜に活気が出てきた感じがするよ。

I：山田湾の名物であった四千台の牡蠣養殖施設のイカダも、津波被害で一時は十分の一まで減少したと伺いました。でも、地元の皆さんの努力で翌年の六月には二千台まで戻ったそうですね。

T：若い人達が頑張っているよね。反面、高齢の方の中には、後を継ぐ者もいないし、また一からやり直すのは、金銭的にも体力的にも大変だからと漁業をやめてしまった人もいる。山田町に限らず、後継者不足は業界にとって大きな問題だね。また、震災後、海の環境が激変したことで起きている問題も復興の足枷になっているんじゃないかな。

I：一昨年はノロウイルスで牡蠣が出荷できず大変だったとの話もありましたが。

T：山田湾の養殖組合では、消費者に安全な牡蠣を提供するため、出荷前に必ず独自のノロウイルス検査をしているんだけど、ちょうど、震災から三年間育ててきた牡蠣を出荷できると思った矢先、引っかかってしまったみたいなんだ。

I：ということは、三年間手塩にかけて育ててきた牡蠣は全て出荷できなかったと…。

T：本当に辛いし、気の毒だよね。牡蠣を食べた全ての人がノロウイルスに感染するわけではなく、実は食べる人の体調によるところも大きいんじゃないかと聞いたこともあるし、熱を加えて食べれば問題はないようなんだけどね。

I：生牡蠣を求める消費者が多いだけに難しいですよね。

T：うちの田舎の三重県にも有名なブランド牡蠣があるけど、旬の時期であっても、どこかでそういった問題が発生すると、お客様になんかあっちゃいかんとホテル自体が牡蠣料理を一切出さない。ある時、ホテルの板さんに「なんで、シーズンなのに牡蠣を出さないのか」と尋ねてみたら、「出したいのはやまやまだが、何かあるとホテルの責任になってしまうのでなるべく出さないようにしている」と。いわゆる風評被害で、ちょっとでも話題が出ると全ての牡蠣が問題あるように思われちゃう。こっちの牡蠣は大丈夫ですよって言っても、話題だけが一人歩きしてしまうから、結局、出荷を控えることになってしまうんだよね。

――確かに菌がつきやすい食べ物ではありますよね。でも、今は予防対策はもちろんのこと、各漁港の設備も整っています。ただ、牡蠣養殖はほとんど人の手が入ることはないので、どんなに人間が気を配っていても、海のそのものの環境が大きく変わってしまうと、残念ながらお手上げ状態になってしまいますね。

＊＊＊＊＊＊＊＊＊＊＊＊＊＊＊＊

――地震もそうですが、ここ数年、突発的な豪雨や竜巻といった自然災害が多発しているように感じます。今月（九月）の初めにも対馬や下関沖で計六隻のイカ釣り船がほぼ同時間帯に転覆し、五人の方がお亡くなりに、一人が行方不明となる事故が起きました。まだ調査中の段階ですが、竜巻が原因ではないかと言われています。

T：場所的に近い所でしょ？　五隻も六隻も船が同時にひっくりかえっているなら、断定はできないかもしれないけど、竜巻が原因としか考えられないよね。自然が相手だから、これぱっかりは防ぎようがないよ。

I：こういった事故のニュースを聞くたび、改めて大自然を相手にする漁業の厳しさを実感します。鳥羽さんご自身は、船乗り当時、そういった自然災害で怖い思いをされた経験はありますか？

T：マグロ船で何カ月もの操業が終わって、あと二、三日したら港に入るっていう時、八丈島の沖あたりで低気圧にぶつかってしまったことがあるよ。大変な大時化だったね。ただ、不思議なもので船はなかなか沈まないようにできてるもんだよね。どんぶりこ、どんぶりこって「このままで今夜大丈夫かな」と不安になるとふわ～っと浮いてきたりして、その繰り返し。普通は計器で低気圧を予測して避けることもできるんだけど、いかんせん当時はGPSもなかったような船だからえらい目にあいましたね。

I：鳥羽さんはじめ乗組員の皆さんは船内に避難していたんですか。

T：いや、その時は全員ブリッジに集まるよう指示があって。運良く月夜だったこともあり、波の動きを見ながら操縦できたので、危うく難を逃れたんだ。

I：近年は台風一つとっても昔に比べて大型化しているなど、気候そのものが大きく変わってきていますよね。それを避けるためには十分な事前情報のキャッチが必要不可欠だと思われます。先日も「ひまわり2号」が打ち上げられて、より細かい情報が得られるようになりました。やはり、出漁前には漁協等なり会社なりが十分な情報を漁業者に提供することが必要になってくるのではないでしょうか。今は携帯も無線と繋がるようになっていますので、漁業者の方にもそういったものを上手く使っていただきたいですね。

T：それと何より油断が一番禁物だね。「このくらいの風なら、このくらいの雨なら大丈夫」みたいな油断が事故に繋がる。生活のため、無理してでも漁に出るっていうのも致し方ないんだろうけど、命あっての物種だからね。最終的には個々が気を付けるしかないよね。

I：沖へ出てしまえば一国一城でやっていかなくちゃならないですからね。

T：自分の判断一つだから。漁師ならある程度勘が働くから、雲行きおかしいな、風が吹きそうだなと思ったら、早めに帰るとかね。あんまり無理しないで、油断しないでってことだよね。

I：ちなみに昨年発生した二千百五十八件の海難事故のうち、漁船事故は約三割にあたる六百件でした。事故の原因で一番多かったのが衝突、次いで乗り揚げ、三番目が転覆とのことです。

T：私の知り合いも衝突で亡くなったんだ。やっぱり見張りだろうな。

I：海中に落ちてしまった時、助かるか助からないかの大きな分かれ目となってくるのがやはり救命胴衣です。

T：救命胴衣の着用はものすごく大事なことだよ。正直、我々が乗っていた頃はほとんど誰もしていなかったんだよね…やっぱり着けるのが面倒くさいじゃないですか。でも、最近になって思うのは、絶対に自分だけは大丈夫ってことはないし、自分の身は自分で守らなければならないということ。だから、救命胴衣も車のシートベルトと同じで義務づけるべきだよね。救命胴衣を着けてないと違反ですよというくらいにした方がいいんじゃないかな。

I：既に、一人乗りの船についてはちゃんと規制されています。今は、二、三人乗りの船も規制しようと動いているところで、早ければ来年にでも施行される可能性があります。また、来月（十月）はちょうど『全国漁船安全操業推進月間』ということもあり、業界全体で救命胴衣の常時着用を呼びかけます。

T：海難事故なんかなくなってほしいけど、万が一ってなった時に救命胴衣を着けているのといないのではえらい差があるからね。今は、昔に比べいろんな救命胴衣があるし、自分にあったものを選んで、とにかく船に乗ったらそれを着けるっていう風にしてほしいよね。

I：おっしゃる通り、最近は素材だけをとってもいろいろなタイプが開発されています。高機能のものは車のエアバックと同じで海中に転落すると瞬時に膨らむようなものもあります。シートベルトと一緒で、しばらくは違和感があるかもしれませんが、常に着用するようになれば邪魔に感じなくなると思います。

T：『乗ったら着ける』って癖にしちゃうことですよ。本人はもちろんのこと、家族に悲しい思いをさせないためにも、救命胴衣はちゃんと着けてほしいよね。

I：最後に奨学生とご家族の皆さんにメッセージを一言お願いできますか。

T：いろんな面で本当に大変だと思うけど、家族皆で助け合って頑張ってほしいよね。漁業が衰退している中、私もできる限りのお手伝いをさせていただこうと思ってるよ。

［平成二十七年九月二十九日　クラウンミュージックにて］

《資　料》

【育英会の歩み】

年　月	主　な　動　き
昭和四十五年　八月	財団法人設立準備会（九月・設立発起人会）設置
十月	文部・農林両大臣、財団法人漁船海難遺児育英会設立を許可
	中学生及び小学生を対象に学資給与を開始。中学生月額千円、小学生月額五百円
十二月	奨学生選考委員会開催（以降、四半期ごとに開催、現在に至る）
四十六年　二月	全国育英事業事務担当者会議開催（以降、平成二十年度まで定期的に開催）
四月	大蔵大臣から所得税法（特定寄附金）及び法人税法（指定寄附金）の寄附金として指定を受ける（以降、昭和四十八年度まで指定期間延長）
	学資給与の対象に高校生を加える。月額二千円

四十七年	四月	小学校入学記念品贈呈、一人千円を開始
		日本自転車振興会より補助金交付される（以降、昭和五十一年度まで継続）
四十九年	四月	寄附行為第四条に「奨学金の貸与」を加え、高校生を学資給与の対象から奨学金貸与に移す。月額三千円（ただし、昭和四十九年度高校入学者から適用）
	七月	「漁船海難遺児奨学生家庭調査報告書」調査公表（漁船海難遺児を励ます全国協議会と共同事業）
	十一月	所得税法施行令及び法人税法施行令に掲げる試験研究法人に該当する証明を受ける（以降、昭和六十三年十一月まで二年ごとに認定延長）
五十年	十月	育英会設立五周年記念、漁船海難遺児とお母さんの文集「だっこしてもらいたかった」発刊
五十一年	四月	学資給与金、中学生の月額千円を千五百円に、小学生の月額五百円を千円に増額
		小学校入学記念品贈呈額千円を二千円に増額
	七月	「つつましい高校生活」調査公表
	八月	機関紙「育英会だより」発刊（以降、四半期ごとに発刊、現在に至る）
五十二年	七月	「漁船海難遺族の母・子とそのくらし」調査公表

五十三年	二月	漁船海難遺児・母の願い「漁船海難・労災事故をなくそう」公表
	四月	小学校入学記念品贈呈額二千円を五千円に増額
		奨学貸与金、月額三千円を五千円に、及び理事長が認める者には月額七千円に増額
五十四年	四月	学資給与金、中学生の月額千五百円を二千五百円に、小学生の月額千円を二千円に増額
		小学校入学記念品贈呈額五千円を一万五千円に増額
		（財）日本船舶振興会より、学資給与金に対して補助金交付される（以降、平成十七年度まで継続）
	十月	国際児童年記念「漁船海難遺族のくらしと教育環境」調査公表
五十五年	四月	学資給与の対象に幼児（幼稚園・保育所の四・五歳児）を加える。月額三千円
		学資給与金、中学生の月額二千五百円を三千五百円に、小学生の月額二千円を三千円に増額
		小学校入学記念品贈呈額一万五千円を三万円に増額
		奨学貸与金、月額五千円または七千円を一万円に増額（ただし、昭和五十五年度高校入学者から適用）
	五月	基金造成国庫補助金三億円交付される

八月 設立十周年記念「全国交流の夕べ」を国立オリンピック記念青少年総合センターにおいて開催

皇太子殿下、同妃殿下の行啓を仰ぎ、育英会設立十周年記念「漁船海難遺児を励ます全国のつどい」を国立オリンピック記念青少年総合センターにおいて開催

九月 「漁船海難遺族生活実態調査委員会」発足、初年度調査開始（以降、平成十六年度まで継続、定期的に調査公表）

十月 育英会設立十周年記念、漁船海難遺児と母の文集「母さんの光る汗」発刊

五十六年 四月 映画「あしたの海」「全国のつどい」試写会

高等学校の範囲に、修業年数二年以上の専修学校を加え、高等専門学校在学者の奨学金貸与期間を五年まで延長

奨学貸与金に入学一時金一人十万円を加える

五月 「漁船海難遺児を励ます運動十年の歩み」発刊

五十七年 二月 「卒業奨学生の生活実態調査報告」調査公表

四月 学資給与金、中学生の月額三千五百円を四千五百円に、小学生・幼児の月額三千円を四千円に増額

「褒章条例に関する内規」第二条による公益団体に認定される（以降、平成二十六年四月まで三年ごとに認定延長、現在に至る）

五十八年	四月	学資給与金、中学生の月額四千五百円を五千五百円に増額
	十一月	「励ましおじさん・おばさん制度」発足
五十九年	四月	学資給与金、中学生の月額五千五百円を六千円に、小学生・幼児の月額四千円を四千五百円に増額
	十一月	「漁船海難遺族の母・子のくらし」調査公表
	十二月	朝日新聞東京厚生文化事業団より中学校入学祝金として補助金交付される（以降、平成三年度まで継続。ただし、昭和六十二年度は中断）
六十　年	三月	母親座談会開催（以降、平成元年度まで全六回開催）
	四月	学資給与の対象に、幼児の三歳児を加え、及び盲学校・聾学校・養護学校の高等部在学者を奨学金貸与の対象から移す
		学資給与金、小学生・幼児の月額四千五百円を五千円に増額
		中学校入学記念品贈呈一人一万円を開始
		奨学貸与金、月額一万円を一万五千円に増額（ただし、昭和六十年度高校等入学者から適用）
	十月	育英会設立十五周年記念、漁船海難遺児と母の文集「父さん、大きくなったよ」発刊
		育英会設立十五周年記念「漁船海難遺族のくらしとその環境」（漁船海難遺族生活実態調査五年間のまとめ）公表
六十一年	四月	学資給与金、中学生の月額六千円を七千円に増額

六十二年	四月	学資給与金、小学生・幼児の月額五千円を六千円に増額
六十三年	四月	学資給与金、中学生の月額七千円を八千円に増額
	十一月	所得税法施行令及び法人税法施行令に掲げる「試験研究法人」が「特定公益増進法人」に改称される（以降、平成二十四年十一月まで二年ごとに認定延長、現在に至る）
平成　元年	四月	奨学貸与金、月額一万五千円を二万円に増額（ただし、平成元年度高校等入学者から適用）
	十二月	「漁船海難遺族の母・子のくらし」調査公表
二年	四月	奨学金貸与の対象に大学生等を加える。月額四万円、及び入学一時金四十万円以内 （財）日本船舶振興会より、従来の学資給与金（幼児から中学生まで）に加えて大学等奨学貸与金に対して補助金交付される（以降、平成十二年度まで継続）
	八月	設立二十周年記念「全国交流の夕べ」を国立オリンピック記念青少年総合センターにおいて開催 皇太子殿下の行啓を仰ぎ、育英会設立二十周年記念「漁船海難遺児を励ます全国のつどい」を国立オリンピック記念青少年総合センターにおいて開催 育英会設立二十周年記念、漁船海難遺児と母の文集「お母ちゃん、お父ちゃん買って」発刊

三年	三月	「サンケイ福祉の船」（産経新聞東京本社主催）に本会奨学生参加（小学校五、六年の希望者対象。以降、平成十八年度まで継続）
	四月	海難遺児漁業従事者等座談会開催（以降、平成四年度まで全三回開催）
		学資給与金、中学生の月額八千円を一万円に、小学生・幼児の月額六千円を八千円に増額
		中学校入学記念品贈呈額一万円を二万円に増額
	七月	高校等、大学等進学予定者の貸与奨学生予約採用制度を開始
	十月	「漁船海難遺児を励ます写真コンクール」を実施（以降、「漁船海難遺児を励ます『海と子供』の写真コンテスト」に改称し、平成十三年度まで全九回実施）
五年	三月	育英事業事務担当者ブロック会議開催（以降、平成八年度まで全五回開催）
六年	四月	学資給与の対象に高校生等を加える。月額一万二千円
		学資給与金、中学生の月額一万円を一万二千円に、小学生・幼児の月額八千円を一万円に増額
		小学校入学記念品贈呈額三万円を五万円に、中学校入学記念品贈呈額二万円を三万円に増額
		中学校卒業記念品贈呈、一人五万円を開始

		奨学貸与金、大学生等の月額四万円を五万円に、及び入学一時金四十万円以内を五十万円以内に増額（ただし、平成六年度大学等入学者から適用）、高校生等の月額二万円を一万五千円に改定
		（財）日本船舶振興会より、従来の学資給与金（幼児から中学生まで）及び大学等奨学貸与金に加えて、高校等学資給与金に対して補助金交付される（以降、平成十七年度まで継続）
	六月	「漁船海難遺族の暮しとその環境」（漁船海難遺族生活実態調査五年間のまとめ）公表
七年	十一月	育英会設立二十五周年記念、漁船海難遺児と母の文集「お父さん、いっしょに帰ろう」発刊
八年	三月	「漁船海難遺族の母と子のくらし」調査公表
十二年	六月	学資給与金、高校生等の月額一万二千円を一万七千円に、中学生の月額一万二千円を一万五千円に、小学生の月額一万円を一万二千円に、幼児の月額一万円を一万一千円に増額し、四月一日に遡及して適用
十三年	八月	育英会設立三十周年記念、漁船海難遺児と母の文集「いつか逢おうよ、父ちゃん」発刊
十四年	三月	ホームページ開設

	十一月	メールアドレス設定
十七年	三月	「漁船海難遺族生活実態調査報告」（五年間のまとめ）公表
十八年	一月	育英会設立三十五周年記念、漁船海難遺児と母の文集「メール　空まで届いて欲しい」発刊
十九年	三月	育英会を寄附先に指定した募金型自動販売機「ゆび募金」（NPO法人ジャパン・カインドネス協会運営）第一号が設置される
二十一年	四月	学資給与金、高校生等の月額一万七千円を三万円に、中学生の月額一万五千円を二万四千円に、小学生の月額一万二千円を一万三千円に、幼児の月額一万一千円を一万二千円に増額 高校等入学記念品贈呈、一人五万円を開始 小学校入学記念品贈呈額五万円を七万円に、中学校入学記念品贈呈額三万円を五万円に増額 中学校卒業記念品贈呈額五万円を七万円に増額 奨学金貸与の高校等を廃止
二十二年	七月	奨学生・保護者交流活動「信州八ヶ岳ふれあい旅行」を実施（七月三十日～八月一日）
	八月	漁船海難遺児を励ます全国協議会と合同で漁船海難遺児を励ます地方協議会・育英会事務担当者合同会議を開催（以降、必要年度に開催、現在に至る）

二十三年	一月	育英会設立四十周年記念、漁船海難遺児と母の文集「心の中のアルバム」発刊
	三月	東日本大震災発生、大津波により多くの漁業者等が犠牲となったことから、被災漁業者等の遺児を本会育英事業の対象とすることとし、奨学生として採用
二十四年	四月	「公益財団法人」への移行登記完了、「公益財団法人漁船海難遺児育英会」となる
	五月	個人の寄附金に対する優遇措置として、内閣府より寄附金控除制度適用（税額控除）の認可を得る
	七月	奨学生・保護者交流活動「二〇一二ふれあい旅行」を東京近郊において実施（七月二十七日～二十九日）
二十五年	七月	奨学生・保護者交流活動「二〇一三ふれあい旅行」を山梨県山中湖周辺において実施（七月二十六日～二十八日）
二十六年	八月	奨学生・保護者交流活動「二〇一四ふれあい旅行」を栃木県那須高原周辺において実施（八月一日～三日）
二十七年	七月	奨学生・保護者交流活動「二〇一五ふれあい旅行」を静岡県掛川市において実施（七月三十一日～八月二日）

ISBN978-4-303-63694-4

父の背中 —漁船海難遺児と母の文集—

平成 28 年 1 月 15 日　初版発行

編　者　公益財団法人 漁船海難遺児育英会

検印省略

発行者　岡田節夫

発行所　海文堂出版株式会社

本　社　東京都文京区水道 2−5−4（〒112-0005）
電話 03(3815)3291(代)　FAX 03(3815)3953
http://www.kaibundo.jp/

支　社　神戸市中央区元町通 3−5−10（〒650-0022）

日本書籍出版協会会員・自然科学書協会会員・工学書協会会員

PRINTED IN JAPAN　　印刷　ディグ／製本　ブロケード